COLEÇÃO

Universidade

Raimundo Rodrigues

Amizade e Justiça

Editora Maçônica "A TROLHA" Ltda.

EDITORA MAÇÔNICA

A TROLHA

RAIMUNDO RODRIGUES

Amizade e Justiça

Editora Maçônica "A TROLHA" Ltda.
Av. Maringá, 335 – Fone (43) 3327-1982 – Fax (43) 3348-0915
Cx. Postal 238 – CEP 86001-970 – Londrina – PR

Londrina, março de 2005

Obediência: *Grande Loja*

Coordenação Geral:	**Conselho Editorial**
1ª Edição:	**2005**
Tiragem:	**2.000 exemplares**
Preparação e Diagramação:	**Maristela Meneghetti**
Capa:	**Ulisses R. M. Candreva**
Revisão:	**Virgínia Cristina Audi Ayres**
Impressão e acabamento:	**Gráfica Regente**

Dados Internacionais de Catalogação na Publicação (CIP-Brasil)
CATALOGAÇÃO NA FONTE

R696a Rodrigues, Raimundo.
Amizade e justiça/ Raimundo Rodrigues. - 1ª ed. - Londrina: Ed. Maçônica "A TROLHA", 2005.
184p.; 20,2 cm. - (Coleção Universidade).

ISBN: 85-7252-197-6

1. Maçonaria - Simbologia. I. Título.

CDD 366.1
CDU 061.236.6

Índice para catálogo sistemático:

1. Maçonaria - Simbologia
061.236.6 (CDU)

EDITORA MAÇÔNICA A TROLHA

EDITORA MAÇÔNICA "A TROLHA" LTDA.
Av. Maringá, 335 - Centro
86060-000 - Londrina - PR
Cx. Postal 238 - CEP 86001-970
Fone: (43) **3327-1982** - Fax: (43) **3348-0915**

Dedicamos este livro, na pessoa do Poderoso Irmão ***Absaí Gomes Brito****, à Loja "Liberdade e União 1158", de Goiânia, pelo maravilhoso trabalho que há muitos, muitos anos, vem prestando à criança pobre de Goiás, através dessa magnífica Instituição que é a* ***FAMA****.*

Raimundo Rodrigues

Os processos utilizados pela Instituição Maçônica à aquisição e formação de um verdadeiro Maçom são de notável profundidade filosófica. Não podem partir de um cérebro humano padronizado, tendenciado e equipado para guerras, competições, crimes, lutas pelo poder, traição, intriga, inveja, vaidade, vingança, desamor, enfim uma série de comportamentos negativos que vêm assustando os pacatos pensadores de todos os tempos. (Rosemiro Pereira Leal, in "Pesquisa em Maçonaria")

Sumário

Apresentação | 13
Amizade & Justiça | 15
A Constituição de Anderson | 21
Old Charges | 23
Participação | 27
Ensaio Filosófico sobre a Vontade | 33
Subjetivismo e Relativismo | 43
Com quem está a Verdade? | 49
O Humanismo Coletivo da Maçonaria | 61
O Homem, na Visão da Maçonaria | 69
Justiça & Maçonaria | 75
O que se deve saber sobre o Simbolismo Maçônico | 85
A Trolha | 101
Anaxágoras e as Homeomerias | 105
A Educação Maçônica | 117
Fichte – O Filósofo Maçom | 121
Inteligência – Razão | 131
A Maçonaria não é Estática | 139
As Maravilhosas Nuances do Rito Escocês Antigo e Aceito | 143
Maçonaria & Filosofia | 153

Iniciação e seus Frutos | 161
Anexo | 165
Cinqüenta Anos de História | 167
Bibliografia Sumária | 175
Obras do Autor | 179

Apresentação

Se você pretende encontrar verdades "absolutas" sobre os diversos conceitos utilizados pela Maçonaria, este não é o livro que procura, mas se busca dentro dos conceitos recitados cotidianamente e muitas vezes esvaziados pela repetição de meias verdades, um estímulo e alento para a sua reflexão e crescimento interior, acaba de encontrar o porto seguro que lhe dará breve guarida enquanto você descansa e espera chegar o vento amigável do conhecimento que lhe dê o empurrão necessário para encetar a viagem rumo a si mesmo. Solte as amarras e descubra o grande segredo maçônico.

A riqueza de conteúdo deste livro favorece o senso crítico e a base de alguns fundamentos usados nos Rituais Maçônicos, facilitando o entendimento do que o homem representa perante si mesmo e aos outros.

O autor Raimundo Rodrigues dá o mote para que seja compreendida a visão filosófica de Símbolos e Conceitos Maçônicos, que através dos tempos sofreram alterações em sua leitura, tendo sido agregados vários significados a eles, alguns bastante positivos, ampliando a compreensão; outros, no entanto, encobrindo uma interpretação mais coerente e verdadeira.

Os Editores

Amizade & Justiça

A Maçonaria tem por lema a velha e badalada trilogia Liberdade, Igualdade e Fraternidade. Se quisermos saber se o Maçom é realmente **livre**, não teremos dificuldade em achar o **sim** da resposta. E o Maçom é livre, sobretudo, porque a Maçonaria lhe outorga o direito de ser livre; ela se bate pela liberdade de pensamento e pela liberdade de consciência.

Quanto à igualdade, nossa Instituição exige que seus afiliados sejam todos absolutamente iguais. Quando Washington era Guarda do Templo de sua Loja, o Venerável Mestre era um humilde ferreiro; lá fora, Washington era o Presidente da República; dentro do Templo ele era simplesmente Irmão e exercia cargo que ficava sob o mando do Venerável Mestre. Quanto à fraternidade ainda existem óbices que, infelizmente, a colocam num ponto tal que, por vezes, chega-se a concluir que não é bem verdade que esteja inteiramente estabelecida.

A inveja, o ódio, de vez em quando, sopitam aqui e ali, maculando a Fraternidade que deveria existir entre os Irmãos.

No entanto, é bom se diga que na maioria das vezes a

Fraternidade se estabelece através de uma amizade sincera e duradoura.

Sabemos que amizade é uma forma de relação que se estabelece entre os Maçons, englobando os sentimentos de afeto e de respeito mútuo.

Aristóteles, em "A Ética a Nicômaco", no livro VI, estabelece as espécies de amizade:

> *Três,* diz ele, *são as espécies de amizade: a amizade de virtude, de prazer, de utilidade. Mas estas três amizades não valem igualmente: aquele que é amado por interesse ou por prazer, não é amável em si ou por si, mas é amável por acidente, não é procurado por outro motivo senão pelo útil ou pelo prazer que pode dar.*

Nesse tópico, Aristóteles abarca dois tipos de amizade por ele mesmo determinados. É de ver-se que tanto a amizade de utilidade como a amizade de prazer são as tais amizades que chamamos de falsas. Esses dois tipos de amizade não deveriam existir entre os Maçons. Entre nós, deveria existir tão-somente a verdadeira amizade, que brota da compreensão, do amor.

Mas, será que esses dois tipos de amizade não deveriam mesmo existir? Veremos mais na frente que Aristóteles nos surpreende.

Aristóteles diz que a amizade de prazer é própria dos jovens, que não podem ainda compreender outras; a de interesse é freqüente nos velhos, que já não sabem compreender outras.

Há um velho ditado que diz que **no melhor pano cai a nódoa**.

Aristóteles, como qualquer mortal, não é infalível. O

tópico acima transcrito, tanto no que tange aos moços, como no que toca aos velhos, englobando-os todos, não nos parece correto. Sabemos que esta não é uma verdade verdadeira. Existe amizade pura, sincera, entre os moços, o mesmo ocorrendo entre os velhos. Não se nega que exista entre os moços amizade de prazer. Pensamos que esse tipo de amizade se faz presente em qualquer idade, satisfazendo, muitas vezes, o egoísmo humano.

Aliás, se esses tipos de amizade só podem ser considerados falsos, bem que mereceriam outros apelidos, por parte da semântica.

Era do nosso interesse que isso ocorresse, uma vez que a amizade pura, a verdadeira amizade, existe sim. Esses longos anos de Maçonaria têm-nos mostrado que entre nós a amizade verdadeira suplanta, em muito, a amizade falsa.

Voltemos ao grande mestre, a ver o que ele diz da amizade que chamamos de verdadeira. Continuamos nossa busca em "A Ética", onde encontramos o seguinte lanço:

> *A amizade de virtude é a verdadeira amizade, a amizade por excelência, pela qual o amigo virtuoso é amável em si e por si; ele não é amado pelo prazer de sua companhia, ou pela utilidade que dele pode emanar, mas pela própria virtude que amamos nele.*

Cada vez que abrimos um dos livros de Aristóteles encontramos ensinamentos que nos mostram ter sido ele, realmente, dono de uma cultura raramente encontrada em uma só cabeça.

Lembremo-nos que o filósofo começou falando das amizades de prazer e de utilidade e chega a nos convencer que são amizades falsas.

Pois bem, quando explica a amizade de virtude, a amizade verdadeira, ele afirma que neste tipo de amizade se encontram as duas outras, dando-nos uma explicação que terminamos aceitando como certa. Vejamos o que ele explica:

> *Esta amizade, de resto, contém em si também as outras duas: pois o amigo bom e honesto é, ao mesmo tempo, um amigo útil e agradável. Antes, as amizades de prazer e de interesse se chamam amizade impropriamente, só porque semelham à verdadeira amizade, afeiçoando-lhes imperfeitamente um só aspecto secundário, o do prazer ou do interesse.*

Até aqui, pode parecer que este assunto em si pode despertar pouco interesse ao Maçom, ou mesmo à comunidade maçônica.

Ocorre que, para nós, o estudo completo desta parte da "A Ética a Nicômaco" nos traz subsídio importante no que tange à justiça ou, se quiserem, aos vários tipos de justiça.

Não nos esqueçamos que, para o Estagirita, a justiça é a maior de todas as virtudes. Mas, como o estudo é feito por Aristóteles tendo como base a comunidade, fica bem claro que nos interessa e muito.

Continuemos a acompanhar o desenvolvimento que ele dá ao assunto.

> *Fundamento necessário da amizade é a comunidade. Desta se podem distinguir três espécies: a que tem por fim um interesse comum, como entre companheiros de viagem, ou entre os membros de uma tribo, ou entre os cidadãos dum Estado; a doméstica, que tem o duplo escopo de estabelecer uma família, e proporcionar o bem geral da vida; e a terceira, entre companheiros que não têm outro fim fora dela. Donde três espécies de amizade:*

*de **política**, que abrange todas as outras; a **familiar**, que abarca o amor paterno e materno, o amor conjugal, filial, fraterno; e a **amizade**, propriamente dita, entre duas pessoas.*

A amizade posta em primeiro lugar interessa-nos, pois, ao cabo de contas, os Maçons têm um interesse comum: o próprio aperfeiçoamento para que possa, como **construtor social**, trabalhar também pela construção de uma sociedade melhor, pois este é o escopo primeiro da Maçonaria. Daí a razão por que nós, os Maçons, devemos nos amar uns aos outros, reforçando os laços de amizade que nos unem para que reine entre nós a verdadeira **fraternidade**. Em comunidade a coisa tem que ser entendida assim: o que vale realmente é o trabalho em conjunto. Sem compreensão, sem tolerância, sem amor, nada é possível. O próprio Aristóteles, na mesma "Ética" que estamos analisando, no livro I, X, 16, página 42, escreveu:

Uma só andorinha não faz verão.

Esta expressão aristotélica virou refrão popular. E por que virou refrão entre o povo? Porque encerra o que chamamos de verdade verdadeira.

Agora, vem o ponto a que queríamos chegar. O filósofo assinala que a Justiça está intimamente ligada com a amizade, uma vez que as duas sobrevivem onde há comunidade de pessoas. E não fica só nisto. Para ele, existem tantas espécies de justiça quantas de amizade. Depois de explicar várias espécies de justiça, ele chega àquele ponto que nos interessa, como pertencentes à comunidade maçônica, onde deve haver um relacionamento que se aproxime o mais possível de um relacionamento perfeito.

Na Justiça, o que é fundamental é a igualdade de relação, de modo que também entre pessoas muito diversas pela inteligência ou pela fortuna, é possível uma relação de justiça.

Fazendo comparação entre justiça e amizade, Aristóteles pensa que, existindo grandes diferenças pela inteligência ou pela fortuna, a amizade é mais difícil, mas não é impossível.

Evidentemente que, se a amizade é possível entre os iguais, também pode estabelecer-se entre os desiguais. É o que acontece entre nós, os Maçons. E por que a amizade deve estabelecer-se entre nós da maneira permanente? Por que a fraternidade deve ser o grande traço de união entre nós?

A verdadeira amizade deve estabelecer-se entre nós, apesar de sermos tão diferentes uns dos outros, porque estamos diuturnamente em busca do crescimento espiritual e moral. Sabemos que temos que ser bons e, obrigatoriamente, justos. Sabemos que só a virtude nos interessa, como Maçons. Buscando ser virtuosos estamos mostrando que amamos a nós mesmos, porque, conforme diz o filósofo só o homem virtuoso é capaz de amar os outros como a si mesmo. E amar a si mesmo deve ser o apanágio do Maçom porque só quem ama a si próprio envida esforços, faz o possível e até o impossível para cultivar em si o que há de melhor e mais perfeito. Por isso mesmo é que o Maçom é capaz de amar o seu próximo como a si mesmo.

Não nos esqueçamos que é de Aristóteles a opinião de que no bem operar o homem encontra a sua felicidade e, assim, irmanando discursos e pensamentos, o homem feliz encontra no amigo uma projeção em si mesmo.

A Constituição de Anderson

Fundada a Grande Loja de Londres era necessário pensar no documento que passasse a reger os destinos da nova entidade, naturalmente levando-se em consideração os antigos preceitos, os regulamentos gerais, além de não colocar de lado alguns usos e costumes já de todo arraigados no dia-a-dia dos Operativos.

Portanto, era necessário que fosse redigido um documento que tivesse caráter definitivo. A pessoa escolhida para fazer o trabalho foi o pastor James Anderson que, aliás, teve a preciosa ajuda de Théophile Désaguliers e George Payne.

O início desse trabalho teve como data 1721, portanto quatro anos após a fundação da Grande Loja.

Anderson redigiu o "Livro das Constituições" que, depois de ter sido modificado em parte, foi finalmente aprovado por uma comissão de quatro doutos, e passou a ser denominado simplesmente como "Constituição de Anderson".

O trabalho de Anderson foi publicado em 1723 sob o título de **"As Constituições dos Franco-Maçons, Contendo a História, as Obrigações, Regulamentos, etc., etc., da Muito Antiga, Reta e Venerável Fraternidade"**.

Poucas vezes uma obra maçônica provocou tantas divergências, além de ter suscitado os mais divergentes comentários, sobretudo no capítulo referente à História da Maçonaria.

Referindo-se a esse tópico, José Castellani escreveu a seguinte observação:

> *O Capítulo referente à História da Maçonaria,* ***absolutamente fantasista*** (o grifo é nosso) – *inclusive colocando as origens da Maçonaria no lendário Paraíso Terrestre – há muito perdeu o crédito.*

Apesar de todo o respeito que James Anderson nos merece, não podemos deixar de enfatizar que as "invenções" vêm de longe. O incrível é saber que em pleno século XXI ainda haja quem acredite nessas "brincadeiras de mau gosto".

O livro de Anderson continha as seguintes divisões:

a – Síntese da História da Maçonaria.

b – Compilação dos Antigos Deveres ou Leis Fundamentais.

c – As 39 obrigações ou Regulamentos Gerais.

E, encerrando a obra, alguns hinos.

Algumas partes da Constituição de Anderson foram modificadas, quando da Formação da Grande Loja Unida da Inglaterra (United Grand Lodge of England) em 1813, pela fusão da Grande Loja dos Antigos com a Grande Loja dos Modernos.

Feita a fusão, houve necessidade de alterar alguns pontos da Constituição, mormente no que diz respeito às religiões, para satisfazer as idéias radicais dos Antigos.

Estudo mais aprofundado sobre a Constituição de Anderson, faremos no capítulo em que estudaremos o Rito Escocês Antigo e Aceito, neste mesmo livro.

Old Charges

Existem documentos datados, a partir do século XIV, que nos dão uma idéia perfeita dos regulamentos e das maneiras de agir da Maçonaria Operativa.

Marcy transcreve os Regulamentos de York, de 1370, no seu "Essai", t. I, p. 41, conforme nos informa Jean Palou na sua "A Franco-Maçonaria Simbólica e Iniciática".

> *Determina-se também que nenhum pedreiro será recebido como operário para o trabalho da referida Igreja antes de ser examinado uma semana ou mais sobre o seu trabalho, em termos de qualidade e de suficiência, de ser recebido por comum assentimento do mestre-de-obras e dos supervisores da obra e do mestre pedreiro e jurar sobre a Bíblia que pretende ativa e sinceramente, dentro de suas possibilidades, sem embuste ou dissimulações, manter e observar todos os pontos da citada lei.*

Marius Lepage, citado por Palou, depois de perguntar a si mesmo o que era a Maçonaria antes de 1717, examina o que são Os Velhos Deveres (Old Charges), compulsando páginas e páginas de regras de civilidade e até de como se portar à mesa no caso de ser convidado à casa de alguém, sobre o comportamento com relação ao mestre, à mulher do mestre, à filha do mestre e das pessoas que o cercam. O próprio Lepage chega à conclusão de que os Maçons da Idade Média precisavam ser instruídos nesse sentido.

E Jean Palou acrescenta:

> *M. Lepage alude aos textos dos Antigos Deveres e Estatutos recolhidos por ordem de Guilherme III de Orange, em 1694, e publicados em tempos passados por Krauss. Jean Reyor se compraz em destacar o fato de que ninguém duvidava de que – os Franco-Maçons eram católicos. Acrescenta que o Franco-Maçom era um católico como os demais, mas também – um católico não como os outros, e que seus contemporâneos tinham talvez uma idéia mais ou menos confusa disso.*

Temos, aqui, debaixo dos olhos o mais antigo texto da Maçonaria Operativa, isto é, o Manuscrito de Hallywell ou Poema Régio, em excelente tradução de nosso Irmão Arnaldo Falcomer, editado em agosto de 1986.

O Regius se encontra no Museu Britânico, de Londres, manuscrito, em 33 folhas de pergaminho e traz a data de 1390. Admite-se que o que ali está seja cópia de um original de trinta ou quarenta anos antes de 1390.

Escrito em inglês medieval, o Poema Régio foi transposto para o inglês moderno, sem que se possa precisar quando. Seu autor é desconhecido.

O manuscrito que está no Museu Britânico pertenceu a várias pessoas, sendo que o seu último dono foi o rei Charles II, razão por que é chamado de Poema Régio.

É interessante o que vem na portada do documento:

> *Hic incipiunt constituciones artis geometriae secundum Euclydem (Aqui começam as constituições da arte da geometria, segundo Euclides).*

Logo na 2ª estrofe, quando o poema se refere à busca de profissão para os filhos, aparecem a palavra Maçonaria e Geometria:

E por causa de nosso Senhor, rogamos-lhes,
A nossos filhos algum ofício dar-lhes,
Mediante o qual possam seu sustento ganhar
Bem e honradamente a segurança conquistar.
Nessa época, mediante boa geometria,
Esta honesta arte de boa Maçonaria.
Desta maneira foi ordenado e realizado,
Por estes mestres unidos, disfarçado,
As orações destes senhores, eles a geometria simulavam,
E a ela o nome de Maçonaria lhe davam,
Para a arte de todos o mais honesto.
Ali foram dar aos filhos dos senhores isto,
Para dele aprender a arte da geometria,
O que ele fez com pleno cuidado...

O Regius, além de conselhos, fornece-nos também preciosas informações, como, por exemplo, aquela de que a Maçonaria começou na Inglaterra, no tempo do rei Athelstan, que, aliás, foi um grande construtor de casas e de igrejas.

O segundo documento em antigüidade seria o Manuscrito de Cooke, ao qual, anteriormente, já nos referimos. Este Manuscrito se encontra também no Museu Britânico. É de crer que ele seja do século XV.

Ali, os **aceitos** já são mencionados, o que nos leva a supor que tenha havido aceitação de elementos que não sabiam nada do ofício de construir, anteriormente aos três citados como os primeiros aceitos. Contudo, o Manuscrito não cita nomes.

Existe, ainda, na biblioteca da Grande Loja provincial de West Yorkshire o manuscrito chamado de Willaim Watson. Este manuscrito é do século XV.

Da segunda metade do século XVII é o Manuscrito Tew, conservado também na biblioteca acima nomeada.

Sabe-se que existem oitenta e sete manuscritos de Old Charges, muito bem conservados, na Grã-Bretanha. Jean Palou, na obra citada, escreve:

> *Dispomos, porém, de mais informações sobre os Regulamentos da Maçonaria da Escócia, por ter boa parte de seus arquivos escapado do auto-de-fé de 1720 e uma Loja como a de Aberdeen possui processos verbais de guildas cobrindo, quase sem interrupção, o período que vai de 1398 a 1745.*

Participação

A criação é gênese da participação. Ninguém participa apenas com boas intenções. Participar é agir, é empenhar-se, é comprometer praticamente a presença e o esforço. Participar é remover os troncos atravessados nas estradas do mundo, é aumentar possibilidades, é deslocar acontecimentos e alterar situações. É, pois, criando valores, soluções, justiça e solidariedade que as pessoas participam. Só há participação nos acontecimentos do mundo quando o homem contribui para sua feitura. (Juvenal Arduini, in "Estradeiro")

Se existe assunto que está sempre em evidência entre os Maçons é o da freqüência às Lojas. Já escrevemos sobre o tema, todavia iremos abordá-lo por um ângulo ainda não estudado por nós.

Sabemos que as Lojas Maçônicas se espalham por quase todas as cidades do Brasil. Isto significa que há Lojas em pequeninas, pequenas e médias cidades, como há Lojas em grandes conglomerados urbanos. O Brasil de hoje deve ter entre quinze e vinte cidades com milhões de habitantes. Isto significa que os problemas que nos atingem nas pequenas e médias cidades são completamente diferentes daqueles que se nos apresentam nas grandes urbes, verdadeiras megalópoles como São Paulo, Rio de Janeiro, Belo

Horizonte, Salvador, Fortaleza, Recife, Brasília, Goiânia, Belém, Manaus, Porto Alegre, etc.

Quando ouvimos queixas de Irmãos que residem em um desses grandes centros urbanos, o desabafo não nos assusta. Os Maçons que residem nessas cidades enfrentam problemas quase que insolúveis. Normalmente, fica-se preso ao serviço até cinco, seis horas da tarde. Não há um só dia da semana, de segunda a sexta-feira, que os congestionamentos não invadam a maioria das ruas e avenidas, no chamado horário de pico. Evidentemente que, muitas e muitas vezes, o Irmão deixa de ir à sua Loja porque não conseguiu vencer as diabruras de um trânsito chamado por muitos de infernal.

É claro que o Maçom que habita a pequena ou média cidade não enfrenta tal problema. Nessa nossa paulicéia desvairada, existe ainda o tal de rodízio que, diga-se de passagem, ruim com ele, muito pior se não existisse. Em dia da semana, conforme o último algarismo da placa, não se pode usar o veículo até às vinte horas. E os Irmãos não se arriscam; muitos por não querer desobedecer à lei, outros, porque sabem que a cidade está infestada de "fabricadores de multas". Em São Paulo, polícia multa, os tais marronzinhos, que não são polícia, coisa nenhuma, também multam e as mocinhas, que trabalham nas ruas onde a prefeitura cobra os estacionamentos, multam também.

E todos nós sabemos que ainda existem outros meios de nos arrancarem o rico dinheirinho do bolso.

Já ouvimos queixas de Irmãos que, muitas vezes, deixam de ir a uma Sessão Magna porque, no Ritual, está escrito que não se pode usar balandrau, a não ser nas Sessões ordinárias e não há tempo de, ao chegar em casa, trocar de roupa para ir à Loja.

Nem todo mundo pode trabalhar de paletó e gravata, mormente com terno preto. Será que as cúpulas maçônicas das grandes metrópoles ainda não pensaram nisso? Afinal de contas, a veste do Maçom é o Avental.

É certo, sabemos, que há Obreiros que não freqüentam assiduamente as Sessões de suas Lojas porque são desinteressados. Observe o leitor que não escrevemos **estão**, escrevemos **são**.

Há aqueles que pensam que não precisam crescer espiritualmente porque são honestos, de bons costumes, direitos, etc. e tal. Outros não conseguem crescer culturalmente porque são portadores de diploma de curso superior e julgam não terem mais o que aprender e existem aqueles que não procuram realmente penetrar nos segredos da Arte Real por simples preguiça mental. Quantos são os que lêem o Ritual em casa ou abrem aquele livro que lhe deram de presente? Aliás, o hábito da leitura está longe de ser daqueles hábitos (os bons, é claro) que criam raiz de escalracho na vida de muitas pessoas.

No que tange diretamente à nossa Sublime Instituição, nunca nos preocupamos muito com tal estado de coisas porque, felizmente, o número de Maçons que poderemos enquadrar no parágrafo anterior é minoria absoluta.

Mas, voltemos à análise da freqüência. Existe uma diferença enorme entre os que moram em São Paulo ou em outra qualquer grande cidade e aqueles que moram em pequenas ou médias cidades do Interior.

É nosso pensar que aí a coisa é completamente diferente: o que se tolera na cidade de milhões de habitantes, não deve e não pode ser tolerado em pequenos conglomerados urbanos. O Irmão que reside em pequena cidade e habitualmente falta à sua Loja está a indicar que alguma coisa está errada. O erro pode ser dele, e pode ser da Loja. O problema deve ser estudado com seriedade, pois está em jogo a desobediência que fere uma das promessas feitas, pelo Obreiro, no momento de sua Iniciação, ou pelo Venerável Mestre ao assumir o governo da Loja. Com boa vontade, sobretudo com amor, nada existe que não possa ser resolvido. Se for o caso puro e simples de desobediência propositada às leis, cumpram-se as leis.

O que nos provocou esta salgalhada foi um artigo, muito bem lançado, diga-se de passagem, e publicado em um dos últimos números de uma de nossas Revistas e assinado por um Irmão que mora em uma das menores Capitais de Estado deste País. O que nos chamou a atenção foi exatamente estar acontecendo coisas erradas em cidades onde não existem aqueles problemas, já por nós apontados, próprios de cidades com milhões de habitantes.

O autor do artigo aponta algumas causas de infreqüência, duas das quais precisam ser levadas em consideração. Ele escreve sobre o mau arrebanhamento de novos Candidatos e sobre as Instruções mal dadas, que terminam fazendo com que o Aprendiz perca o interesse em permanecer freqüentando a Loja. Nem todo mundo tem sustança para suplantar certas coisas que acontecem entre nós.

Em ambos os casos, o subscritor do artigo tem carradas de razão. Só deveríamos levar para nossas Lojas pessoas que conhecêssemos realmente, e conhecer realmente significa não só conhecer o futuro Candidato, como conhecer-lhe a família.

Conhecemos um caso de Irmão que teve contato com o fulano no seu escritório; nunca o tinha visto antes, todavia, gostou do camarada e foi logo convidando-o para ingressar na Ordem. A pessoa aceitou, foi Iniciada, assistiu à primeira Loja após a Iniciação e nunca mais voltou. Sumiu! Neste caso, o Irmão demonstrou desconhecer princípios comezinhos de psicologia como ignorância total daquilo que se exige para que a pessoa possa ser convidada para entrar na Maçonaria. E olhem que esse nosso Irmão já tinha, pelo menos, uns quinze anos de Iniciação.

Quanto à maneira como as Instruções são ministradas, o articulista tem toda a razão. Quem nos lê sabe que já escrevemos, várias vezes, em artigos e livros combatendo a maneira como as Instruções são dadas, na maioria esmagadora das Lojas.

Não nos alongaremos no assunto porque em nosso livro "Maçonaria – Filosofia & Doutrina" fizemos estudo exaustivo da matéria, inclusive, apontando remédio para cura desse mal.

A leitura de uma Instrução, no seu total, em uma única Sessão, só terá validade se a Loja possuir Obreiros instruídos maçonicamente e que tenham capacidade didática para explicar os pontos mais difíceis da Instrução, esclarecendo pontos que possam trazer dificuldade de compreensão. Fora disto, é mera perda de tempo.

Loja com Obreiros mal preparados, com um ou dois que têm o hábito de querer explicar o que não sabem é, realmente, de assustar. Aí moram as "invenções" e os "achismos". Credo!

Nesses anos todos, viajando por esses brasis, acolhendo convites para palestras, temos visto de tudo. A grande verdade é que temos tido gosto em conversar com nossos Irmãos, pois temos observado que uma grande quantidade deles mostra uma vontade incrível de conhecer aquilo que lhes é apresentado.

Temos palestrado em São Paulo e cidades do interior de vários Estados da Federação e temos observado que, de uns anos para cá, tem aumentado, e muito, o interesse de nossos Irmãos em fazer crescer seu cabedal de cultura.

Portanto, nem tudo são espinhos, há flores, também, nos jardins de nossa Sublime Instituição.

Ensaio Filosófico sobre a Vontade

Ora, desde que a vontade é o fim, e a deliberação e o propósito são das coisas que respeitam ao fim – as ações que versam acerca das mesmas serão conformes ao propósito e voluntárias. Mas em torno delas estão os atos virtuosos; logo, a virtude se acha em nosso poder. (Aristóteles, in "A Ética a Nicômaco", Livro III, 7, 1)

∴

Entre as outras perfeições existentes nas coisas as mais elevadas são a inteligência e a vontade. A prova disso está em que se encontram nos seres mais nobres. (Tomás de Aquino, in "Compêndio de Teologia", Capítulo XXXIII, 66)

∴

A Maçonaria é sábia e não quer que alguém se julgue enganado por ela. Daí a razão por que denomina de **Luta** o primeiro passo da marcha do Aprendiz; ao segundo passo, chama de Perseverança. Os quatro degraus que dão acesso ao Oriente (apesar de não ser obrigatória a existência deles) foram batizados como Força, Trabalho, Ciência e Virtude.

Diante das dificuldades que o Maçom encontra em seu caminho, quando palmilha a estrada, na viagem que empreende na busca do aperfeiçoamento moral, intelectual e espiritual, resolvemos fazer um estudo, à luz da filosofia, sobre a **vontade**, ainda não empreendido por qualquer outro escritor maçônico brasileiro.

Comecemos por indagar o que seja **vontade**, qual seja sua verdadeira significação, qual o seu valor na vida de cada um de nós.

O dicionário nos ensina que vontade é a faculdade de querer; a faculdade de livremente praticar ou deixar de praticar alguma coisa; propósito, deliberação, desejo, etc. (do lat. voluntas, voluntatis).

Não se há de negar que a Maçonaria nos pede algumas coisas difíceis de serem cumpridas. A ética maçônica, como entendem vários estudiosos, é uma espécie de racionalismo ético, muito próximo do racionalismo ético dos estóicos.

É evidente que a Sublime Instituição não nos obriga a nada. Apenas, em se deixando de cumprir aquilo que ela nos pede, jamais seremos Maçons no sentido exato do termo.

Aqui e ali, topamos com prescrições que devemos obedecer: evita todo e qualquer excesso; domina o teu gênio; ouve, vê e cala; não te deixes dominar por nenhuma paixão...

É necessário que se tenha sempre em mente que a ética maçônica se volta para o compromisso com a humanidade, portanto, tem que ser uma ética de ação.

Quando a Maçonaria nos pede que evitemos os

excessos, ela nos está aconselhando a usarmos a temperança, sobretudo no comer e no beber.

Desde logo, o leitor vai observando que sem a vontade nada se consegue. Mas, tenha calma, chegaremos lá.

O Maçom deve não só agir com moderação, mas também os sentimentos devem ser contidos, para que não passem dos limites. Aliás, é preciso que separemos sentimento, de emoção e de paixão. São, digamos assim, fenômenos que existem em nós, mas que precisam ser controlados.

A paixão não leva a nada; ela é a principal causa de violência, às vezes, por quase nada. A paixão foge aos apelos da razão e leva o homem ao fanatismo.

Francisco Espinar Lafuente, professor de Direito Civil na Universidade Complutense de Madri, Maçom de primeira água e muito bom escritor, em uma de suas obras, tem excelente tirada sobre moderação. Diz ele:

> *Frente al vicio del exceso, se tiene la virtud de la moderación. Tenemos que moderar los sentimientos (sean los de alegría o los de tristeza, las atracciones o las aversiones, etc.). Tenemos que moderar nuestras costumbres (llevar una vida austera, etc.). Tenemos que moderar nuestra ambición, la voluntad de sobresalir sin limite alguno y como el único móvil de la vida.*

Não basta desejar, não basta ter vontade, ou ter o propósito; é preciso, antes de tudo, ter vontade e colocá-la em vigor.

De nada vale ser Iniciado, se não se estiver imbuído da vontade de vencer. O conhecimento próprio, a coragem de reconhecer os próprios defeitos e a vontade inquebrantável de extirpá-los será o único meio de desbaste da pedra bruta.

O desejar não tem a força semântica do querer. Às vezes são empregados como se fossem sinônimos, todavia, sem a presença da vontade, de nada valem.

Se quisermos fixar o caráter com todas as nuances de um caráter forte e reto, não basta apenas desejar; um simples desejo não trará as virtudes que devem ornar o caráter, seria como o doente que não pode querer, de fato, ser sadio, mesmo que o deseje.

Logo, é preciso distinguir o sentido exato embutido em cada termo.

Que vale ter propósito se não existe a vontade de pôr em prática o meio necessário para conseguir aquilo que se tem em mira?

Não nos esqueçamos que vontade é a faculdade de querer, é a faculdade de livremente praticar ou deixar de praticar alguma coisa, algum ato.

Aristóteles examina bem o sentido de se poder fazer ou deixar de fazer alguma coisa, porque tudo depende da vontade. Diz ele:

> *Já que está em nossa vontade poder fazer, igualmente está em nosso poder o não fazer; e se depende de nós o* ***não****, mesmamente depende de nós o* ***sim****. Donde, se fazer o bem está em nós, estará em nós também o não fazer o mal; ou, então, se em nós está o não fazer o bem, estará em nós também fazer o mal. Logo, se de nós depende igualmente fazer o bem e o mal, ou não o fazer, de nós depende o sermos probos ou perversos.*

Por aí se vê que a vontade deve ser a mola propulsora de nossos atos.

Para que possamos aquilatar o que seja realmente vontade, abramos o Compêndio de Teologia, do gênio da Igreja,

Santo Tomás de Aquino (1225-1274). Fazendo o estudo de Deus, Tomás de Aquino, após considerar vários atributos de Deus como – Deus é imóvel, Deus é eterno, Deus existe sempre, em Deus não há sucessão temporal, Deus é simples, Deus é a sua própria essência, Deus não constitui uma espécie enquadrada em um gênero, Deus não constitui uma espécie predicável de uma pluralidade de indivíduos, Deus é necessariamente uno, é impossível que Deus seja corpo, Deus é infinito na sua essência, Deus é infinito em seu poder, etc., etc. – Depois de estudar minuciosamente um sem número de atributos somente existentes em Deus, o grande dominicano, no capítulo trinta e dois inicia o estudo de atributos de Deus e que também pertencem ao homem. Ali se lê:

> ***Deus é necessariamente dotado de vontade.*** *63 – É também evidente que Deus deve necessariamente ser dotado de vontade. Ele se compreende a si mesmo. Ele que é o Bem perfeito, conforme vemos. Ora, o que é bom, uma vez compreendido, ama-se necessariamente, e é com a vontade que se ama. Portanto é necessário que Deus seja dotado de vontade.*

O homem é dotado de vontade e o homem também se compreende a si mesmo. Só que o homem não é o Bem perfeito. O homem ama, mas o homem odeia; o livre-arbítrio lhe dá plena liberdade de usar a sua vontade conforme o que lhe der na cabeça. Vê-se que Deus é perfeito, mas o homem não o é.

Logo a seguir, e no mesmo capítulo, Tomás de Aquino se refere à inteligência. Vejamos o que ele diz:

> *64 – Foi demonstrado que Deus é a primeira causa motora. Ora, a*

inteligência não move nada, a não ser em virtude do desejo (apetite); ora, o desejo que segue à inteligência é a vontade. Conseqüentemente, Deus é um ser necessariamente dotado de vontade.

Nesse tópico, o teólogo se refere a outros atributos também próprios do homem: inteligência, desejo, apetite. Aí, as razões levantadas para provar que Deus é dotado de vontade, servem, da mesma forma, para o homem.

Aqui, se entende que o equilíbrio se estabelece pela ação conjunta dos atributos. Tem-se, de princípio, a impressão de que o equilíbrio se estabelece em razão de princípios que se opõem entre si. Entretanto, pelo que vimos acima, isto nem sempre ocorre. Aliás, a concepção do equilíbrio é tese esposada por Aristóteles, nem sempre seguida por Tomás de Aquino.

O que, às vezes, nos causa espécie é a afirmativa que o filósofo dominicano faz, insinuando que, pelo menos em Deus, são uma só e mesma coisa. Vejamos o que ele preceitua no capítulo trinta e três do já citado Compêndio de Teologia:

> *65 – É patente que a vontade de Deus, necessariamente, não é outra coisa senão a sua inteligência. Pois bem, uma vez compreendido, por ser objeto da vontade, move a vontade, sendo o ato e a perfeição a mesma. Em Deus, entretanto, não há diferença entre aquilo que move e aquilo que é movido, entre o ato e a potência, entre a perfeição e o perfectível, segundo consta da exposição anterior. Por conseguinte, necessariamente a vontade divina coincide com o próprio bem, apreendido pela inteligência. Ora, a inteligência divina é a mesma coisa que a essência de Deus. Portanto, a vontade de Deus é uma e mesma coisa que a sua inteligência e a sua essência.*

Quem não conhece os princípios básicos daquilo que

Tomás de Aquino coloca na sua filosofia e, sobretudo, na sua teologia, há de ter dificuldade de entender-lhe a argumentação. Entretanto, aquele que estiver lendo com atenção este nosso trabalho há de ficar convencido de que a genialidade de Tomás de Aquino é patente.

Aliás, quando chegamos a conhecer alguma verdade verdadeira, devemos agradecer à iluminação especial da Luz incriada. Somos finitos e muito pouca coisa conseguiremos aprender do infinito de verdades que nunca estarão ao nosso alcance. Por isso mesmo é que o filósofo e teólogo Duns Scot deixa bem claro que aprovando ou refutando alguma coisa de forma correta ou incorreta, a convicção do homem provém da aprovação ou da reprovação de outras regras mutáveis ou imutáveis que lhe são superiores.

Dissemos, linhas atrás, antes de colocarmos Tomás de Aquino neste ensaio que – vontade é a faculdade de querer. O sábio Doutor da Igreja, no capítulo trinta e quatro da obra citada, aplica esse argumento ao próprio Deus.

> *67 – Conclui-se, outrossim, que a vontade de Deus é o seu próprio querer, pois ficou demonstrado (no capítulo XXXIII) que a vontade de Deus coincide com o bem querido por Ele. Isto não poderia ocorrer, se o querer não fosse a mesma coisa que a vontade, uma vez que o querer pertence à vontade por causa do bem querido. Portanto, a vontade de Deus não contradiz a sua simplicidade.*

Neste ponto, concordamos com o que acabamos de transcrever, porque o teólogo leva em consideração apenas a vontade e o querer relacionados a Deus. O mesmo não podemos afirmar quando o ponto de referência for o homem. Quantas e quantas vezes o homem não vê realizado o seu querer porque lhe faltou a vontade para consegui-lo.

E este é assunto perfeitamente aplicável à nossa vida maçônica. Temos necessidade de desbastar a Pedra Bruta e muitas vezes não o conseguimos porque nos faltou uma vontade firme para nos adaptarmos aos princípios que regem a doutrina maçônica ou porque não tivemos coragem para usar Malho e Cinzel da maneira como deveriam ser usados. Diz-se, então, que não temos força de vontade. Ficamos, assim, sendo aquela pessoa que nada consegue, apesar de ser bem intencionada.

Isto acontece no mundo profano e acontece também entre nós, razão por que devemos sempre incentivar aquele Irmão que, por fás ou por nefas, fica marcando passo sem conseguir sair do lugar. Pode ser, quem sabe lá, que o incentivo seja arma capaz de fazer acordar a vontade de alguém, cuja capacidade e inteligência não estejam sendo utilizadas, não por preguiça mental, mas por falta de vontade.

Observando bem o Irmão e descobrindo nele qualidades que podem fazer dele um excelente Maçom, não nos custa nada aproximarmo-nos o mais que pudermos e envidar todos os esforços para que ele possa progredir. Contudo, devemos procurar agir de maneira discreta, para que o Irmão não perceba o nosso trabalho.

Sabemos que, acima de tudo, nossa Ordem ensina-nos que o Maçom deve proceder sempre regido pela razão e apoiado por uma vontade firme e inabalável.

Muitas e muitas vezes experimentamos o desejo de fazer alguma coisa e tomamos a resolução, o propósito de alcançar o que temos em mira. Naturalmente que depende de usarmos nossa vontade para a consecução do que temos em mente, colocando em ação toda a nossa força interior, que nada mais é que nossa vontade.

Isto nos leva a Aristóteles, que explica com clareza o que seja realmente o propósito.

> *Logo, o princípio da ação é o propósito: princípio, entende-se do movimento, não da causa final. Do propósito, por seu turno, o princípio é o apetite e o raciocínio feito para qualquer escopo.*
> *Porquanto sem inteligência e raciocínio, e tampouco sem hábito ético não existe propósito, de vez que sem raciocínio e costume a perfeição não é possível, e o que é o seu oposto na ação. Não já que a razão se mova por si mesma, mas enquanto tem um escopo é prática...*

Filosoficamente entendemos que Aristóteles nos leva a crer que existe uma tendência que seria o apetite, de forma que tudo resulta na existência de dois princípios: um, que chamaríamos de apetitivo e, outro, racional.

Perguntamos então: como será possível que a ação não seja justa e boa?

Por tudo o que disse o filósofo chegamos à conclusão de que existe aquele momento decisivo que temos que aceitar, existentes como princípios inarredáveis: o hábito, o apetite, a vontade.

Subjetivismo e Relativismo

(Em uma visão filosófica, levando-se em conta o ensino da doutrina maçônica)

Em Maçonaria, às vezes, dificuldades se apresentam a quem estuda, buscando a **verdade** escondida, quem sabe, na simples frase de um Ritual ou em um Símbolo.

É aí que entra a dúvida. Poder-se-ia aceitar **a priori** isto ou aquilo como verdade?

O melhor, neste caso, é seguir o conselho de Aristóteles que, do alto de sua genialidade, nos diz que não devemos confiar nos sentidos nem na razão, mas permanecer, de imediato, sem opinião, porém sem que nos voltemos para uma direção contrária, mas permanecer na posição de quem esposa a dúvida, até que, pelo estudo e pela pesquisa, possamos convencer-nos de que ali se encontra ou não a verdade.

O conselho do filósofo nos alerta para que nos eximamos de emitir um juízo, enquanto não tivermos absoluta certeza de que somos donos dos elementos que não nos deixarão emitir juízo errado ou falso.

A questão da dúvida tão apregoada pelos céticos é menos intransigente no **subjetivismo** e no **relativismo**.

O subjetivismo e o relativismo afirmam que a verdade existe e pode estar ali, mas é necessário cautela porque ela não possui valor ilimitado, isto é, a verdade pode ter uma validade limitada.

É neste ponto que passamos a raciocinar como Maçom, para alertar os menos cautelosos, de vez que não existe qualquer verdade universalmente válida.

Nós, os Mestres Maçons que temos a sagrada missão de procurar fazer que a doutrina maçônica seja entendida como verdade, devemos ter sempre diante dos olhos que o conhecimento depende de o Mestre ter capacidade sensorial e capacidade intelectual para ensinar. Por isto mesmo, a aprendizagem poderá ser relativa e ficará na dependência da validade de quem ensina.

Expressando-nos filosoficamente diríamos que o **subjetivismo** limita a validade da verdade ao sujeito que conhece e julga.

Os filósofos que se dedicaram ao estudo do subjetivismo chegaram à conclusão de que tudo pode ser estabelecido com relação ao sujeito que estabelece e julga e que pode ser **sujeito individual** ou o **sujeito humano,** o que podemos caracterizar como **sujeito geral** ou o **gênero humano**.

Daí se parte para o entendimento de dois tipos de subjetivismo: individual no primeiro caso e geral no segundo.

Hessen nos ensina que o subjetivismo individual, conforme o nome indica, transmite um juízo que pode ser válido unicamente para o sujeito individual que o formula. Para o segundo caso, há verdades supra-individuais, contudo não se pode e não se deve afirmar que sejam verdades universalmente válidas.

Trazendo a filosofia para o nosso lado, verificamos que o subjetivismo individual retrata bem aquele que deve ser o mestre da coisa a ser ensinada. Isto significa que a coisa ensinada pode não corresponder à verdade que o conteúdo contém e pode corresponder a uma invenção que capitularíamos como **inverdade**.

Mesmo no segundo caso, o Mestre estudioso pode transmitir uma verdade que seja unicamente sua, uma vez que o símbolo pode ser analisado por cada Maçom, que descobre nele algo que só ele achou, uma vez que o símbolo pode corresponder a várias e muitas interpretações.

Portanto um juízo que pode ser verdadeiro para um, pode não ser para outros.

É bom termos sempre em mente que o subjetivismo é quase irmão gêmeo do relativismo.

Estamos escrevendo para Maçons, mormente para aqueles que se querem dedicar ao ensino em Loja, que desejam escrever artigos, ensaios ou livros. No estudo que estamos realizando neste ensaio, estamos focalizando a verdade que deve estar embutida naquilo que se ensina, escreve ou diz.

Tudo aquilo que ensinamos ou escrevemos pode ser aceito por alguns e não ser aceito por outros, daí por que podemos, usando o relativismo, argumentar que, neste caso, não há e não pode haver qualquer verdade absoluta, qualquer verdade universalmente válida.

Exemplifiquemos. Em Loja cujo Rito seja o Escocês Antigo e Aceito, alguém ensina que os Vigilantes e os Oficiais sentam-se em mesas e não em altares. Muitos daqueles que ouviram tal afirmativa não a aceitam. Estamos diante de uma verdade relativa. Ela não é válida para os que aprenderam errado e continuam **achando** que o certo é aquilo que lhes foi ensinado.

Esta é a razão por que, em filosofia, se diz que a aprendizagem maçônica depende, até certo ponto, do conhecimento adquirido pelo sujeito cognoscente no mundo profano. Isto é fácil de ser compreendido: o indivíduo que tem curso superior terá mais facilidade de apreender certos pontos de nossa doutrina, do que aqueles que só têm o segundo grau.

O relativismo nos ensina que a aprendizagem depende, também, de fatores externos, como a Loja, isto é, o meio maçônico onde se busca o conhecimento.

Uma reunião de Maçons, dotados do verdadeiro espírito que a Maçonaria lhes imprimiu na alma, onde reside a fraternidade, o espírito de união e a responsabilidade de cumprir tudo aquilo que a Ordem lhes pede, será campo aberto para a melhor aprendizagem e o maior progresso espiritual.

Loja onde reine o dissídio, onde impera a vaidade e a vontade de aparecer e mandar, nada se aprende, porque nada se ensina.

Mesmo que subjetivismo e relativismo contenham erros, é impossível negar-lhes a importância que têm, sobretudo para o desenvolvimento cultural do indivíduo.

Para maior clareza do que escrevemos até aqui, devemos dizer que existe também o objetivismo, que afirma que o cerne do conhecimento está no objeto, razão por que os filósofos, na sua maioria, fazem questão de afirmar que o reino objetivo das idéias é o fundamento sobre o qual se ergue o edifício do conhecimento.

Estabelece-se, então, a diferença que existe entre o objetivismo e o subjetivismo, já que o subjetivismo fundamenta todo o conhecimento humano no sujeito. Para tanto, ensina que o mundo das idéias, mais o conjunto dos princípios do conhecimento estão no sujeito.

Porém, é necessário salientar que Windelband afirma que se o conhecimento é concebido como uma reprodução do objeto, representa, sem sombra de dúvida, uma duplicação da realidade. Esta, de certo modo, existe duas vezes: primeiro, objetivamente, fora da consciência; depois, subjetivamente, na consciência do sujeito.

Apesar do prestígio daquele filósofo, é certo que não se vê bem, pelo menos para nós, que sentido teria semelhante repetição e duplicação.

Reconhecemos, entretanto, que, em todo caso, uma teoria do conhecimento que não implique semelhante duplicação, representa uma explicação mais simples e, portanto, mais provável do fenômeno do conhecimento.

Quando nos dispusermos a ensinar, é preciso tenhamos em mente quais são os principais fatores do conhecimento, uma vez que o saber é a resultante de um processo.

Em filosofia se dirá sempre que qualquer processo que vise ao conhecimento terá que se desenvolver entre "que" ou entre "quem". Filosoficamente se diz que não haverá nenhuma possibilidade de conhecimento se não se efetuar o processo entre o sujeito que quer conhecer e o objeto que se quer conhecer.

Moussa Battal nos apresenta em uma de suas obras a chamada pirâmide do conhecimento, baseado, segundo ele mesmo afirma, naquilo que os filósofos alemães ensinam: o conhecimento tem diversos níveis e qualidades diversas.

A tal pirâmide teria na base o conhecimento chamado vulgar, que diríamos ser o conhecimento comum, a doxa de Platão, ou seja, o conhecimento que se adquire sem tê-lo buscado, conhecimento que não exigiu grande avanço do entendimento. Para que esse conhecimento tenha sido adquirido houve o trabalho dos sentidos; neste caso, poder-se-ia afirmar que tal conhecimento podia ser chamado de empírico, uma vez que, como explica Battal, procede da experiência que nos facilita o contato com os objetos.

Na metade da pirâmide encontra-se o conhecimento científico que resulta da observação, da experimentação, das medições. No alto da pirâmide, isto é, na sua terceira parte, encontra-se o conhecimento filosófico. E está no ápice da pirâmide, lembram-nos os filósofos alemães, porque é o conhecimento que se consegue mediante o esforço da inteligência, ou mediante a intuição consegue-se alcançar, através de penetração nas aparências, a verdade que se encontra no cerne da coisa estudada.

Com quem está a Verdade?

A FRANCO-MAÇONARIA existe há cerca de trezentos anos em sua forma social. Ela suscitou um grande número de livros e brochuras. A leitura dessas obras comunica-nos um singular sentimento de insegurança: os fatos históricos que parecem mais provados são aí controvertidos. Estamos diante de uma literatura dominada pela polêmica, onde parecem equilibrar-se obras de exaltação e de reprovação. Se desprezamos estas últimas, ainda sobra de ambos os lados um certo número de obras que parecem sinceras; mas ainda sensivelmente orientadas; e muitas vezes mal informadas. (Fernand Tourret, in "Chaves da Franco-Maçonaria")

É de ver-se que Fernand Tourret, sociólogo e historiador francês, está coberto de razão. Mas a polêmica é provocada, na mor das vezes, por quem ou aprendeu errado ou não teve vontade de estudar. Quem estuda, quem possui livros de bons autores, não tem necessidade de polemizar com quem está montado no erro. A obrigação "maçônica" de quem estuda é procurar transmitir, sobretudo a Aprendizes e Companheiros, a verdade aprendida.

Já escrevemos, em artigos e livros, nossa opinião sobre os primórdios da Maçonaria.

Vez por outra, chega ao nosso conhecimento que somos duramente atacados por não aceitarmos a opinião de Irmãos que querem que o início da Maçonaria se perca na poeira do tempo.

O porquê de tais ataques, parece-nos, não tem razão de ser. Primeiro, porque jamais nos referimos a quem quer que seja para lhe desmentir as invenções. Um Maçom que se preza nunca o faria. Segundo, porque, em não sendo historiador, baseamo-nos sempre em legítimos historiadores, cujas afirmativas podem ser comprovadas com documentação autêntica.

Já escrevemos e repetimos tantas vezes quantas for preciso que **fato histórico** que não possa ser comprovado, não pode ser apresentado como tal.

Em um dos nossos livros ("Maçonaria – Filosofia & Doutrina") iniciamos ensaio sobre o assunto dizendo o seguinte:

> *Uma das coisas mais comuns, em se tratando de se procurar saber quando a Maçonaria começou a existir, é ouvir-se opiniões de todos os tipos, na maior parte das vezes sem nenhum amparo na documentação da História.*
> *Poderíamos negar que já no século XIII ou em séculos anteriores existia a Maçonaria de Ofício?*
> *Pensamos que não podemos negar e nem podemos afirmar que a Maçonaria Operativa já existisse naquele século ou mesmo em séculos anteriores. Como palestrante, temos afirmado que só nos debruçamos sobre datas quando existe prova, quando existe documento que comprove nossa afirmativa.*

A verdade é uma só: poucos são aqueles que lêem;

poucos são os que conhecem a História Antiga, que leram Heródoto ou Tito Lívio.

Em conhecendo a História Antiga, poderiam indagar a si mesmos o que fariam os Maçons Operativos numa época em que as casas ou eram de madeira ou de pedras amontoadas umas sobre as outras.

É preciso conhecer a História da Hélade para saber quem construiu os maravilhosos templos consagrados aos deuses criados por Homero e por Hesíodo.

Aqueles que nos estão dando a honra de ler isto que aí está, saberiam responder-nos se a Grécia sempre teve este nome? Pois bem, quem inventou o nome atual daquele país foram os romanos que chamavam "graeci" (lê-se gréci) aos habitantes da Hélade. E a Hélade sempre foi Hélade? Não, meus caríssimos leitores, o primeiro nome da Grécia atual foi Pelásgia, mudado depois para Acaia e, finalmente, para Hélade.

O vocábulo "graeci" (gregos) dos romanos, terminou gerando o nome Grécia.

Alguns, entre os queridos Irmãos que nos contradizem, afirmam que só citamos Castellani, Frederico Guilherme Costa, Varoli e Xico Trolha. Não é bem assim. Mas, se o fora como deixar de estudá-los e de citá-los se todos eles são excelentes? Ninguém lhes aponta uma única invenção.

Pois bem, muitas vezes deixamos de citar historiadores de primeira água por não existir obras deles traduzidas para o nosso formoso idioma e como ninguém é obrigado a ser poliglota, ficaria difícil a constatação daquilo que poderíamos transcrever deste ou daquele historiador.

Um dos grandes escritores da Maçonaria brasileira é

Nicola Aslan. Alguém duvidaria de suas afirmativas? Vamos abrir o "Grande Dicionário Enciclopédico" do nosso saudoso Irmão.

A pergunta se faz necessária: os que não concordam conosco, teriam a coragem de discordar de Aslan?

Pois vou transcrever, ipsis litteris, alguns tópicos colocados pelo grande escritor no seu dicionário. Tomem lá:

> *Maçonaria (Origens) – Os escritores que estudaram o assunto tiveram muitas dificuldades para estabelecer a origem da Maçonaria, influenciados pelas lendas operativas, que não souberam submeter à crítica histórica, quase todos os escritores maçônicos dos séculos XVIII e XIX, e muitos das três primeiras décadas do século XX, cometeram um erro geral e comum, que os levava a procurar na Antigüidade e na Idade Média, sociedades que possuíssem usos e costumes iguais aos da Maçonaria Especulativa Moderna.*
>
> *Sem se preocuparem de verificar, inicialmente, em que época a Maçonaria assumiu o aspecto iniciático que lhe é próprio em nossos dias, esses escritores superficiais trataram de ligá-la a quase todas as Fraternidades iniciáticas e formularam as hipóteses mais absurdas; G. Huard ("L'Art Royal") escreveu desta forma:*
>
> *"Todo o mundo fala da Maçonaria, poucos a conhecem. Os seus próprios membros têm em geral sobre as suas origens e o seu desenvolvimento histórico noções muito incertas".*
>
> *"O assunto tão interessante da Maçonaria teve a infelicidade de ter sido tratado apenas pelos panegiristas ou pelos detratores, duas espécies de escritores igualmente mentirosos."* (Henry Hallam, citado por Gould)

Vejam os nossos leitores que estamos fazendo transcrição do "Grande Dicionário Enciclopédico", de Nicola Aslan. Seria o caso de repetir a pergunta: alguém, neste nosso mundo velho de guerra, teria coragem de discordar de Aslan?

Le Forestier, citado por Aslan, escreveu o seguinte:

> *A história das origens da sociedade secreta conhecida sob o nome de Maçonaria saiu do período lendário durante o último terço do século XIX. Os estudos objetivos e documentos de verdadeiros historiadores como Hughan, Gould, Scheffmann, Degemann, para só citar os principais, dispersaram em grande parte as névoas acumuladas ao mesmo tempo pela imaginação inoperante de apologistas desprovidos de senso crítico ou de impudentes falsários e pelas deduções cegadas pela paixão.* ***É supérfluo, doravante, procurar o berço da Associação no Oriente antigo, no Egito, na Grécia ou na Roma antiga*** (o grifo é nosso) *porque ele é encontrado prosaicamente na Inglaterra; a data de seu nascimento não se perde mais na noite dos tempos, já que ela foi fixada com suficiente precisão no início do séc XVIII; enfim, as hipóteses, muitas vezes apresentadas como certezas, que faziam da Ordem dos Maçons a herdeira e a sucessora dos pitagóricos, essênios, iniciados dos mistérios, albigenses e até mesmo Templários, não puderam resistir a um exame sério.*

Anos atrás, enfastiado de ouvir tantas coisas difíceis de acreditar, começamos a comprar livros e mais livros, de escritores franceses, espanhóis e italianos, uma vez que nossa literatura era de uma pobreza franciscana. Só depois que o Francisco de Assis Carvalho (Xico Trolha) e Fernando Salles Paschoal fundaram a Editora "A TROLHA" e o Círculo do Livro Maçônico, é que a coisa foi paulatinamente melhorando até atingir o que é hoje. E qual era o nosso intento ao adquirir livros e mais livros? Descobrir até onde chegavam as inverdades que ouvíamos. Leadbeater era o autor mais citado. Tinha-se a impressão de que ele era o único, ou talvez o melhor dos "únicos". Seria verdade tudo o que Leadbeater escrevera nos dois livros dele que nos tinham aconselhado a comprar?

Foi a dúvida que nos salvou. A pouco e pouco fomos verificando que havia exageros, invenções, havia até mistificações em alguns livros e nas ensinanças de alguns Irmãos.

Depois de descobrir que tínhamos razão de duvidar de alguma coisa que ouvíamos, resolvemos partir para a batalha incruenta de combater o que estava errado, a fim de que Aprendizes, Companheiros e Mestres bem intencionados, porém mal informados, não passassem pelo que tínhamos passado.

E nossa luta valeu a pena.

Nossos objetivos eram dois: primeiro, combater as invenções; segundo, mostrar que a doutrina maçônica, toda ela, se escuda naquilo que, de melhor, os grandes filósofos nos legaram.

Não somos contra quem quer que seja. Somos contra o erro. Seja qual for. Não é justo que os Iniciandos de agora fiquem ouvindo que a Maçonaria tem dez mil anos de existência, que Noé foi Maçom, que Platão foi Venerável de Loja. Ora, a Maçonaria Operativa existiu durante a Idade Média, o documento mais antigo que temos da Maçonaria de Ofício é o **Poema Régio**, cuja data de feitura é 1390, portanto, século XIV da nossa era. A Maçonaria Moderna, chamada de Especulativa, foi criada no século XVIII, exatamente a 24 de junho de 1717. Mais na frente, diremos como isso aconteceu.

Se cabe a alguém o direito de dizer que a Maçonaria existe há milhares e milhares de anos, também nos cabe o direito de perguntar: que Maçonaria foi essa? Como é que fizeram tal descoberta?

É bom que todos saibam que não falamos e não escrevemos para provocar polêmica. Falamos e escrevemos para difundir a verdade maçônica. A nós não nos interessa atingir a quem quer que seja; o que nos interessa é mostrar a grandiosidade da Arte Real.

Quanto à questão dos segredos profissionais, na Antigüidade, verifica-se a existência de documentação e de literatura, onde se pode comprovar que foi tática usada por todas as associações de construtores.

Segundo alguns bons historiadores, baseados em documentação fidedigna, os talhadores de pedra, alemães, (steinmetzen) transmitiam as regras de seu ofício, como verdadeiros segredos de arte.

Por falar nos talhadores alemães, lemos em Serge Hutin, ótimo escritor e historiador francês, que a formação das sociedades dos construtores góticos (operativos) aconteceu no século XIII. Hutin afirma, ainda, que em 1275 realizou-se a primeira Assembléia Geral dos Construtores Alemães. O mesmo autor nos faz conhecer a existência de uma outra Assembléia, em Ratisbone, dos Maçons alemães, talhadores de pedras, em 1479, e diz como a última Assembléia dos Maçons alemães ocorreu em Strasbourg, em 1564.

Estamos repetindo Serge Hutin, porque ele nos aponta fatos históricos, cuja veracidade se faz presente através de documentos (atas de reuniões) existentes e por ele analisados.

Assis Carvalho – Xico Trolha – em uma de suas obras ("Companheiro Maçom", pág. 168), escreveu o seguinte:

> *O Manuscrito de Cooke é o segundo documento maçônico mais antigo; faz parte das Antigas Constituições Góticas e é sempre citado; o primeiro é o Poema Régio, datado de 1390. Esse manuscrito (o de Cooke) não possui data, mas pelo seu conteúdo os estudiosos de manuscritos acreditam que o mesmo pertence ao século XV. Ele leva o nome de Manuscrito de Cooke, porque foi descoberto pelo pesquisador Mathew Cooke e publicado pela primeira vez em 1861. O original se encontra no Museu Britânico e a cópia, geralmente mais acessível ao público, está inserida no livro "History of the Ancient and Honorable Fraternity of Free and Accepted Masons and Concordant Orders", publicado em Londres, em 1909, por Stilson e Hughan. É uma edição já esgotada, mas existem muitos exemplares em bibliotecas de particulares.*

Vamos servir-nos da ocasião para tratar do nascimento da Maçonaria Especulativa, assunto ainda não estudado em nenhum dos nossos livros.

A Associação dos Operativos inicia sua transformação quando passou a aceitar em seu seio os chamados **membros aceitos**, isto é, membros estranhos ao ofício. Segundo o historiador francês Fernand Tourret, a aceitação dos membros estranhos ao ofício de construtores era necessária porque, a certa altura do tempo, a Associação tinha atividades fora do ofício que estavam a exigir relações diferentes e freqüentes com **não-operários**, tanto civis como clérigos.

E é certo que para que os privilégios fossem mantidos, exigia-se a proteção de altas personalidades.

O primeiro **aceito** entre os Operativos foi Sir John Boswell d'Auchinleek, que foi recebido na Loja de Edimburgo, Escócia, em 8 de junho de 1600.

A recepção de Sir Robert Muray, em Newcastle, ocorreu em 1641 e a de Elias Ashmole, em 1646.

A partir da incorporação de Elias Ashmole, a aceitação de não-operários foi feita em número crescente. Havia **aceitos** de alta roda: clérigos, médicos, oficiais e aqueles que são chamados de **notáveis** pelos historiadores.

E, assim, a transformação foi acontecendo a pouco e pouco, mais ou menos entre os anos de 1600 e 1670. Nesta altura, constata-se que já não resta muito daquilo que consistira nas preocupações das Lojas da Escócia e da Inglaterra.

Dúvidas não restam de que foi a aceitação de elementos estranhos à profissão de pedreiro e de construtor a causa primeira das mudanças que transformaram a Maçonaria Operativa ou de Ofício na Maçonaria Especulativa ou Moderna.

Todavia, é nosso pensar que a transformação da Maçonaria de Ofício para a Maçonaria Especulativa se deve, sobretudo, devido à influência do Mestre dos Maçons de Londres Cristopher Wren, arquiteto de renome e que trabalhou anos e anos na construção da igreja de São Paulo e várias outras, em Londres. Naturalmente que Sir Cristopher Wren era um Maçom operativo, entretanto, ele era matemático, astrônomo, geômetra, arquiteto de Westminster, foi professor em Oxford e era membro da Sociedade Rural. Exerceu suas funções até 1695. Foi nessa época que se iniciou, realmente, a evolução da condição de Maçonaria Operativa para Maçonaria Especulativa. O substituto, por algum tempo, de Sir Cristopher foi Charles Lennox, Duque de Richmond. Em 1702, o antigo Mestre dos Maçons voltou ao cargo. Em 1703, sua Loja denominada Loja de São Paulo (de Londres) abriu suas portas a pessoas que não exerciam a profissão de construtores, com a seguinte decisão:

> *Os privilégios da Maçonaria não mais serão, de agora em diante, reservados aos operários construtores, mas, como já ocorria, serão estendidos às pessoas de qualquer condição que quiserem deles participar.*

A criação da Maçonaria Moderna, ou seja, a fundação da Primeira Grande Loja de Londres, ocorreu no dia 24 de junho de 1717.

No livro "Análise da Constituição de Anderson", que traz a assinatura de José Castellani juntamente com a nossa, vem o relato feito por Anderson sobre os acontecimentos que culminaram com a fundação da Maçonaria Moderna. Ali vem escrito o seguinte:

> *A 24 de junho de 1717, iria ocorrer, em Londres, um acontecimento de fundamental importância na História da Franco-Maçonaria. O Pastor James Anderson, em um relatório publicado na edição de 1738 da Constituição por ele compilada, assim se refere ao acontecimento:*
> *"A 20 de setembro de 1714, o rei Jorge I fez, em Londres, magnífica entrada. Após o fim da rebelião, em 1716, as poucas Lojas de Londres, julgando-se negligenciadas por Sir Cristopher Wren, julgaram oportuno fundirem-se sob a autoridade de um Grão-Mestre, como centro de união e harmonia. E as Lojas que assim se encontraram, eram:*

1. *A da Cervejaria "The Goose and Gridiron" (O Ganso e a Grelha), no pátio da igreja de São Paulo;*
2. *A da Cervejaria "The Grown" (A Coroa), em Parker's Lane, perto de Drury Lane;*
3. *A da Taberna "The Apple Tree" (A Macieira), em Charles Street, no Convent Garden;*
4. *A da Taberna "The Rummer and Grapes" (O Copázio e as Uvas), em Channel Row, no Westminster.*

Essas Lojas, assim como alguns antigos Irmãos reuniram-se na "A Macieira", tendo em seguida, designado, como Venerável, o mais antigo Mestre, constituíram-se em uma Grande Loja "pro tempore", na devida forma e, desde logo, a reunião trimestral dos oficiais das Lojas estava reconstituída. Depois decidiram realizar uma assembléia anual, com festa, e escolher, naquela ocasião, entre eles, um Grão-Mestre, até que conseguissem a honra de ser dirigidos por um Irmão nobre.
(...) No dia de São João Batista, durante o terceiro ano do reinado de Jorge I (Ano Dei 1717), a Assembléia e a Festa dos Maçons Livres e Aceitos realizaram-se na Cervejaria "O Ganso e a Grelha". Antes do jantar, o antigo Mestre, que presidia, propôs uma lista de candidatos convenientes. Os Irmãos presentes, levantando as mãos, designaram Mr. Anthony Sayer, gentil-homem, Grão-Mestre dos Franco-Maçons – Jacob Lamball, carpinteiro, e Joseph Elliot, capitão, Grandes Vigilantes – o qual foi imediatamente investido pelo citado mais antigo Mestre, com as insígnias do ofício e do poder, e instalado (...)".

Os grandes responsáveis pela Fundação da Grande Loja de Londres foram os Irmãos James Anderson, Antony Sayer, George Payne e Théophile Désaguliers.

Alguns autores afirmam que Anderson não participou da fundação da Loja de Londres, não estando presente aos acontecimentos do dia 24 de junho de 1717.

Assis Carvalho, em seu livro "Companheiro Maçom", nos dá a relação dos primeiros Grão-Mestres da Grande Loja de Londres:

Anthony Sayer de 24-6-1717 a 24-6-1718
George Payne de 24-6-1718 a 24-6-1719
reeleito de 24-6-1720 a 24-6-1721
Théophile Désaguliers de 24-6-1719 a 24-6-1720
John Montagne de 24-6-1721 a 24-6-1722.

O Humanismo Coletivo da Maçonaria

Es un error creer que la Masonería es individualista. Es cierto que en ella hay una visión humanista del hombre, pero su humanismo tiende hacia lo que se ha llamado el "neo-humanismo" (el de Herder, etc.), que no confiere un valor esencial al individuo aislado, sino dentro de un contexto coletivio (el del Universo, la Humanidad, la logia etc.).
(Francisco Espinar Lafuente, in "Esquema Filosófico de la Masonería")

∴

Já escrevemos alhures que o Maçom participa de duas sociedades: a sociedade profana e a sociedade maçônica. A sociedade maçônica é bem diferente da sociedade profana. A sociedade profana se fecha dentro de cada país, ao passo que a sociedade maçônica se estende pelo mundo todo. Cada país tem suas leis, suas organizações, seu "modus vivendi", seus moldes de governo.

A Maçonaria, apesar de seu caráter universal, rege-se pelos mesmos princípios adotando um só modo de ser.

Antes de abordarmos o tema que escolhemos – O HUMANISMO COLETIVO DA MAÇONARIA – voltemo-nos para o homem que caminha pelos caminhos da sociedade profana.

O homem está seriamente vinculado ao seu habitat; no entanto, difere das plantas e dos animais nessa vinculação com a natureza: as plantas são as eternas escravas da natureza, uma vez que estão presas à terra, não podem mover-se e dela dependem para tudo.

A planta é superada pelo irracional; este pode mover-se, ir de um lugar para outro e está em condições de procurar seu alimento, sendo capaz de trocá-lo e até mesmo de variá-lo a seu gosto. Como o animal carece de inteligência superior, não tem o poder da criatividade, fica à mercê de uma existência unicamente movida pelo instinto, portanto, limitada.

Já o homem, pelos dons que possui – inteligência superior, criatividade, memória, além do poder de gravar suas experiências – pôde sobreviver, compreender a natureza e até ter poder sobre ela.

A comunidade humana (sociedade) sobrepuja a todas as associações infra-humanas e é o espaço vital do homem que, sem ela, não encontraria o seu pleno desenvolvimento, razão por que não pode viver fora dela.

É preciso ter-se presente que **sociedade** não é, pura e simplesmente, a soma de indivíduos ou grupos que a compõem, mas um Todo com sua própria modalidade de viver. Tudo, na sociedade, gira em torno dos indivíduos que a compõem.

Sabemos, e cada homem sabe por experiência própria, que na vida do homem comum nem tudo são flores.

Talvez haja mais espinhos que flores, na vida do homem comum, esteja onde ele estiver, exerça o ministério que exercer. A vida de cada um de nós se desenrola de maneiras as mais variadas possíveis. Hoje, a saúde se faz presente e o homem tem tudo para cumprir suas obrigações da melhor forma possível. Amanhã, surge a doença e o desânimo se apodera do homem, e ele sofre e, muitas vezes, maldiz a sua sorte, certo de que tudo será cada vez mais difícil.

O certo é que a vida exige luta, a vida exige coragem, a vida exige trabalho. Ninguém navega pela vida em um mar de rosas. O mar da vida pode estar bonançoso, agora, mas ele tem sempre os seus momentos de fúria.

O homem vive em sociedade, mas pensa muito mais em si, nas suas vitórias e nas suas derrotas, que nas derrotas e vitórias da sociedade em que vive.

No mundo de agora, neste mundo de nossos dias, apesar de todo o desenvolvimento da ciência, de todas as facilidades que são colocadas à disposição do homem, ele está longe de viver seus melhores dias, está longe de se sentir satisfeito; pelo contrário, o homem do terceiro milênio sente-se cada vez mais inseguro, cada vez mais triste.

O que a gente vê e sabe é que, a cada dia que passa, mais o homem se torna lobo do próprio homem. E o homem comum ouve falar em **globalização**, mas ele sabe que a tal globalização se estende a uma economia bárbara, a um imperialismo neocolonizador de nações poderosas sobre nações mais pobres e, por isso mesmo, mais fracas.

O que precisava existir era uma riqueza mais bem repartida entre todas as nações que ocupam os espaços na Terra, suscitando, talvez, uma convivência mais harmoniosa entre os povos, onde reinasse o respeito entre si, onde a cultura fosse respeitada e todos a ela tivessem o mesmo direito.

O que se vê, no entanto, é a globalização da falsidade e o desejo desmedido de meia dúzia de nações poderosas que, com hipocrisia, se disfarçam sob a capa de "defensoras dos direitos humanos", mas que não têm pejo de agredir povos mais fracos, despejando toneladas de bombas sobre cidades indefesas, assassinando mulheres e crianças que nunca fizeram mal a ninguém.

Aí fica, num rápido bosquejo, o que é e o que acontece nas sociedades profanas.

A sociedade maçônica é uma só no mundo inteiro. Ela não é prejudicada nem pela diferença de línguas, nem pela diferença de raças.

A Maçonaria é uma coletividade movida pelos mesmos ideais, alicerçada pelos mesmos intuitos.

Devemos levar em consideração que o humanismo maçônico é sempre coletivo e não individual. Se há uma verdade dentro do contexto maçônico é aquela que se deve considerar sempre a Maçonaria como uma coletividade.

É fato inconteste que a Instituição Maçônica está acima do individualismo. A Maçonaria recorre à ação em comum para alcançar seus objetivos. Tanto isto é verdade que é necessário um certo número de Obreiros para que a Oficina possa funcionar.

Só há um momento na Ordem em que prevalece o individualismo: é aquele em que alguém se submete – de livre e espontânea vontade – à Iniciação. Todavia, a aceitação do Candidato é feita pela Loja, que nada mais é que uma reunião de Maçons.

Portanto, é uma coletividade maçônica que dá ao indivíduo a possibilidade de participar dela, tornando-se um de seus membros.

O trabalho maçônico é feito em grupo e o sentido coletivo estará sempre acima do individual.

Até mesmo o governo da Loja tem o sentido coletivo. Tanto isto é verdade que não haverá Loja se não houver o tríduo que a governe e mais um certo número de Maçons. Todas as resoluções da Loja são coletivas. Nada pode ser resolvido sem o consentimento coletivo dos Obreiros.

Lafuente aponta a **ação em comum**, mostrando, sob vários ângulos, não só o que acontece na Maçonaria, mas em vários tipos de associações. Vejamos o que ele diz, em tradução nossa:

> *Assim, pois, a* ***ação em comum*** *é uma das direções ou chaves da ética maçônica. A ação em comum pode adotar diversas formas em diferentes circunstâncias e níveis, e ,entre eles, por exemplo, os de: 1) Ação de* ***convivência*** *no casamento e em outros grupos equivalentes. 2) A ação cívica nas diversas instituições, grupos, etc., de caráter cívico, em nível local, nacional ou internacional.*

Após citar várias formas de ação grupal, Lafuente cita a ação em comum no âmbito espiritual, apontando a Maçonaria ao lado das religiões.

Preferimos colocar a Ordem Maçônica dissociada das religiões, uma vez que há diferenças fundamentais e até mesmo antagônicas entre a Maçonaria e as religiões, sejam elas quais forem.

Entretanto, não olvidemos que nas associações em que prevalece o sistema grupal, há tarefas que devem ser feitas em separado, por elemento do grupo. Observe-se, contudo, que tais tarefas são levadas a cabo visando a unidade de funcionamento do grupo. Além do que a Maçonaria leva muito a sério a responsabilidade individual de cada elemento, tendo por mira o bom funcionamento do Todo.

Ao cabo de contas, a coletividade maçônica sabe que, para sua grandeza e eficiência, é necessário que cada um de seus membros se conscientize de que é sagrado o princípio da responsabilidade individual e isto é tanto mais necessário se tivermos em mente que cada membro participe das ações em comum, o que faz com que se possa atribuir a cada Maçom em particular sua própria porção na participação do êxito ou do fracasso.

Já Aristóteles definia o homem como um animal social, uma vez que ele existe para viver em sociedade, isto significa que o homem não pode e não deve viver isoladamente. Aliás, ele só se encontra sozinho em duas oportunidades, exatamente quando não prevalece sua vontade: ao nascer e ao morrer.

O que existe de extraordinário no contexto maçônico é a maneira como a Ordem liga os pontos de referência entre o pessoal e o coletivo, e de tal modo opera que o Todo está sempre em evidência.

Deve-se notar que o Todo Maçônico não é e não pode ser autoritário uma vez que os seus postulados mais sagrados são a liberdade de consciência e a liberdade de pensamento. Sempre que em Loja surge alguém com "rictus" autoritário, querendo mandar, querendo impor sua vontade e sua opinião, então já se sabe que ali não mais existe Loja, mas um conglomerado de pessoas que usam o título de Maçons.

Infelizmente, vez por outra, isto acontece tanto nas bases como nas cúpulas. Entretanto, não pensemos que tal modo de agir vai acabar com a Ordem: tal coisa não acontecerá jamais. A verdade é que nós passaremos, mas a Maçonaria não!

A Maçonaria é um conjunto social tão bem estruturado que chega a ter um ponto de equilíbrio formado por dois braços filosóficos: o social e o liberal.

A ética maçônica não admite um liberalismo duvidoso, mas um liberalismo ético. O sentido sociológico não é coercitivo, mas eminentemente voluntário.

Se atentarmos bem para o que seja Liberalismo, teremos que concluir que é uma doutrina intrinsecamente ligada à Ordem Maçônica.

A Maçonaria é liberalista, uma vez que ela é intransigente partidária da liberdade religiosa e da liberdade política. E quando se diz que o liberalismo tem que ser ético, é exatamente porque não se pode admitir determinados tipos de **política** que roubam do homem os seus mais sagrados direitos.

Daí por que a interpretação, neste ponto, tem que ser racional, não aceitando tentativas de sistematização global que, não raras vezes, procuram encobrir os verdadeiros fins de um certo liberalismo que realmente foge do verdadeiro sentido dessa doutrina.

Aliás, a grandiosidade da Arte Real é que o seu liberalismo estrutura suas forças na defesa ampla e continuada de todas as liberdades a que o homem tem direito, dentro da ética e da moral.

A liberdade política tem que ser encarada pelo Maçom

como algo bom, procurando exercê-la efetivamente visando o bem comum.

Aristóteles inicia o capítulo sétimo do Livro terceiro de sua "A Política", colocando exatamente o que acabamos de afirmar. Diz o filósofo:

> *Em todas as ciências e todas as artes o alvo é um bem; e o maior dos bens acha-se principalmente naquela dentre todas as ciências que é a mais elevada: ora, essa ciência é a Política, e o bem em Política é a justiça, isto é, a utilidade geral.*

É bem de ver que, se a Maçonaria defende a liberdade em todos os sentidos a que o homem tem direito, não se poderia pensar em coerção dentro da sociedade maçônica.

Ninguém foi Iniciado à força, sempre prevalece a liberdade que o Irmão teve para ingressar na Ordem. Tanto isto é verdade que ninguém obriga o Maçom a permanecer onde não se sente bem. Se ele percebe que não se está cumprindo corretamente alguns postulados, para ele, sérios da doutrina maçônica, pode mudar de Loja a hora que quiser.

Há aqueles que **adormecem**. Talvez, acreditamos, tal adormecimento não seja pelas razões acima colocadas. Neste caso, o melhor é adormecer.

Portanto, a nossa vida na sociedade maçônica não sofre coação, pois é inteiramente livre.

O Homem, na Visão da Maçonaria

Toda inteligência cognoscitiva se conhece pelo modo, segundo o qual a "imagem" (species) da coisa conhecida se encontra nela, pois esta constitui para ela o princípio cognoscitivo. Ora, a inteligência conhece as coisas de modo material, também as que por sua natureza são materiais, haurindo a forma universal das condições imateriais individualizante. Portanto, é impossível que a "imagem" (species) do objeto conhecido se encontre na inteligência materialmente, razão pela qual ela não pode ser recebida num órgão corporal, visto que todo órgão corporal é material. (Santo Tomás de Aquino, in "Compêndio de Teologia", capítulo 79)

Pode ser que alguém ache que exageramos quando afirmamos que a doutrina maçônica se alicerça na filosofia que nos foi legada por aqueles homens predestinados que, com seu saber, enriqueceram a cultura sobre a face da terra.

Será que exageramos?

Qual o grande interesse da Maçonaria? O que é que realmente interessa à nossa sublime Instituição?

O interesse da Maçonaria se centraliza no HOMEM. E a Maçonaria enxerga o homem como um todo e aí temos resposta para a pergunta acima: a filosofia estuda o homem na sua totalidade, no seu todo – corpo e espírito. Daí a razão por que não aceitamos que sociologia e psicologia tenham abandonado a grande árvore filosófica. É ciência, dizem alguns. Então que se diga que é ciência filosófica.

Normalmente a dúvida se estabelece entre muitos de nossos Irmãos que ainda não se deram conta da existência da filosofia maçônica, por pensarem que filosofia é alguma coisa que se possa decorar como se decora tabuada.

O que nos deixa atônito é saber que, no Brasil, não se estuda filosofia; que a filosofia, em nossa terra, é considerada matéria que **não leva a nada**, da mesma forma como o latim foi considerado por alguns "gigantes" da ignorância que tinham, em certa época, poder de mando no Ministério da Educação e Cultura (MEC).

Uma Sessão de Loja onde há Irmãos que estudaram ou estudam filosofia é sempre palco de mensagens inteligentes, que transmitem cultura maçônica, que nos enchem de satisfação, não permitindo que seus Obreiros deixem de participar diuturnamente de seus trabalhos. E há Lojas assim? Há, nós conhecemos várias.

É necessário que os Maçons se conscientizem de que é preciso filosofar. E tudo se torna mais fácil quando se conhece alguma coisa sobre o que ensinaram os filósofos, a partir de Tales de Mileto (540-450 a.C.), percorrendo o caminho onde deixaram rastros os pré-socráticos e alguns filósofos da História Antiga. Beber alguns ensinamentos daqueles que construíram a filosofia da História Medieval, da História Moderna e da História Contemporânea.

Filosofia é algo fascinante. Quem se propõe estudá-la é preciso que, no início, tenha força de vontade; podemos dizer até que é necessário um pouco de coragem.

A Maçonaria tem tido em seus Quadros Irmãos que se dedicaram à filosofia, como é o caso de nosso inesquecível Theobaldo Varoli Filho. Talvez, por ser filósofo, escreveu os melhores compêndios, entre todos os que conhecemos, para Aprendizes e Companheiros.

A Maçonaria chilena se orgulha de seu filósofo maior, Moisés Mussa Battal (1900-1982). É dele a seguinte indagação:

> *O que dizem os filósofos que estão em torno de nós e da doutrina maçônica?*

Ele mesmo responde:

> *Que a filosofia é o caminho que se há de seguir para alcançar a virtude. O termo virtude não o tomamos em sua conotação ou denotação moral. Tomemo-lo no sentido de superioridade, ou seja, de exaltação da condição humana, isto é, de erguer-se sobre o homem medíocre. Então, como se vê, a filosofia é um caminho de perfeição.*

Aristóteles (384-322 a.C.) definiu a filosofia como sendo "a totalidade do conhecimento".

Quando o Estagirita fala em "totalidade do conhecimento", está estabelecendo a grande diferença que existe entre a filosofia e as ciências, uma vez que estas se ocupam, normalmente, de **um** setor da realidade, isto é, buscam uma só parte de determinado conhecimento, enquanto que a filosofia engloba a totalidade dos conhecimentos.

É bem verdade que filosofia e ciência se afinam

internamente, porque, ao cabo de contas, ambas buscam a verdade, se bem que partindo de pontos diferentes e não tendo o mesmo ponto de chegada.

Enquanto a ciência classifica e sistematiza os fatos, contentando-se com as causas imediatas, a filosofia busca as primeiras causas com o intuito de alcançar as últimas. Ademais, as ciências têm seus pesquisadores que a elas se dedicam, o que faz com que as ciências vão encontrando seus próprios métodos e progredindo cada qual de per si. Isto fez com que a filosofia se fragmentasse a partir do século XVII. A matemática se antecipara antes, trezentos anos a.C., com Euclides. Na primeira metade do século XVII a física se torna independente, escudada no gênio de Galileu; a química se liberta da filosofia, no século XVIII, com Lavoisier, enquanto Lamark e Claude Bernard tornam a biologia independente, já no século XIX.

Morente nos ensina que "*uma ciência deixa a filosofia quando renuncia a considerar seu objeto de um ponto de vista universal e totalitário*".

Baseado no que afirma o filósofo espanhol, concluímos que a filosofia é a disciplina que considera o seu objeto sempre do ponto de vista universal e total, enquanto que as outras disciplinas o consideram do ponto de vista parcial e derivado.

Qualquer pessoa que tenha o querer pode chegar a ter conhecimentos em grau elevado, isto é, pode alcançar a gnose. Para tanto, é preciso que se dedique ao estudo, que pesquise, que busque meios de dirimir suas dúvidas.

Neste ponto, voltamos a pensar em Aristóteles, para quem o homem não cria o conhecimento – adquire-o.

O homem vem ao mundo como uma "tabula rasa" e,

segundo alguns filósofos, é a experiência que se encarrega de enchê-la. Evidentemente, não se pode aceitar seja a experiência o único meio que fornece conhecimentos ao homem.

Tenhamos presente o **empirismo** de Francis Bacon (1561-1626), mas não nos esqueçamos do **racionalismo** de René Descartes (1596-1650). Não se pode negar, concordando mais uma vez com Aristóteles, de que nada há em nosso intelecto, que antes não tenha estado em nossos sentidos. Todavia, existe a outra parte que nos permite adquirir o conhecimento: a razão é esta outra parte. Daí por que se o conhecimento humano depende da experiência, depende também da razão, isto é, do entendimento.

Também Santo Tomás de Aquino concorda inteiramente com Aristóteles. É dele a afirmativa de que nada existe em nosso entendimento, que não tenha estado antes em nossos sentidos.

Aliás, quando se trata de apreensão de conhecimento, o filósofo lança mão da chamada teoria do conhecimento, que em filosofia leva o nome de gnosiologia. É a gnosiologia que nos pode explicar como trabalha o pensamento para alcançar o saber.

Além do mais, a gnosiologia nos aponta as manobras cognoscitivas e ainda nos proporciona a oportunidade de saber que é possível fazer a interpretação do conhecimento alcançado.

Para averiguar o poder cognoscitivo de nossa inteligência, a gnosiologia submete-a a exame, procurando ao mesmo tempo saber se é possível confiar na capacidade de apreensão da coisa estudada.

O homem, além do conhecimento de si próprio, procura conhecer tudo aquilo que o cerca.

É de ver que ele tem, diante de si, um vastíssimo campo onde pode buscar novos conhecimentos. Esse campo é divisível em cinco categorias: filosofia, ciência, arte, religião e política. Cada uma dessas categorias pode ser classificada conforme a necessidade de quem procura aumentar o saber.

De acordo com as inclinações de quem estuda, esta ou aquela categoria pode ser mais fácil ou mais difícil do que aquela outra.

A filosofia, por exemplo, pode parecer mais fácil ou mais difícil do que a ciência. Enquanto o filósofo trabalha com a "razão pura", o cientista se vale da "razão prática". Expliquemo-nos. As afirmativas do filósofo são o produto de uma sistemática geral na busca das causas primeiras até atingir os últimos efeitos; já o cientista parte da observação e da experiência e sua afirmativa é subordinada, sempre, àquela observação e experiência até alcançar o modo como os fenômenos se interligaram, como são feitas as ligações entre elas mesmas, podendo descobrir as causas e os efeitos desses fenômenos para, daí, formular as leis particulares ou gerais que os regem.

Por isso é que se pode afirmar que a verdade filosófica é racional e universal, enquanto que a verdade científica é experimental e singular.

Justiça & Maçonaria

O sentimento de justiça é um dos dominantes, no cenário das virtudes que são exigidas de um Maçom; esse sentimento maçônico está bem implícito no apoio incondicional de toda a Maçonaria mundial à luta pelos direitos humanos que são postergados por regimes discricionários de governo e por autocratas e déspotas, que, ciclicamente, infelicitam a humanidade. Está explícito também, na recomendação de respeito à lei e de respeito aos méritos pessoais, dando a cada um de acordo com o seu merecimento (é o que ocorre, por exemplo, ou deveria ocorrer, na escalada dos Graus e na concessão de recompensas maçônicas). (José Castellani, in "Dicionário Etimológico Maçônico")

Nenhuma instituição, entre tantas que existiram e existem sobre a face da Terra, sofreu tantas perseguições quanto a Maçonaria. De pronto, pode-se perguntar se são justas as acusações levantadas contra a Ordem Maçônica. Só os Maçons, só aqueles que a ela estão filiados, só aqueles que conhecem realmente os intuitos de nossa Instituição sabem se são justas ou injustas as acusações lançadas contra ela.

Ora, nada existe neste mundo que se possa comparar à justiça. Isto posto, pode-se concluir que nada existe pior que a injustiça.

É de ver-se que a literatura profana tem dedicado à justiça tantas e tantas obras, poucas vezes comparadas a outros assuntos também de grande importância. No entanto, isso não acontece na literatura maçônica. Sempre nos causou admiração o fato de Varoli, Boucher, Lafuente e outros bons autores maçônicos não terem tratado de assunto tão importante.

Justiça (do lat. justitia), segundo a semântica significa conformidade com o direito, eqüidade, faculdade de premiar ou punir, segundo o direito; virtude que consiste em atribuir a cada um aquilo que de direito lhe pertence.

O "Dicionário de Maçonaria", de Joaquim Gervásio de Figueiredo, escorrega para o lado da "justiça divina" que não é o motivo deste trabalho, mesmo porque a Maçonaria não faz propaganda de algo que se torna realmente difícil demonstrar, uma vez que o seu conhecimento se apóia, sobretudo, na fé.

É evidente que para a possibilidade da Iniciação Maçônica é preciso que se creia em um Princípio Criador, juntamente com a crença numa vida futura. É lógico que os Maçons crêem na "justiça divina", sem, contudo, entrar em pormenores sobre a mesma.

José Castellani, no seu "Dicionário Etimológico Maçônico", nos dá em algumas linhas (boa parte das quais encabeçam este estudo) a idéia exata do que seja **justiça**, para a Maçonaria. É claro que a Maçonaria não possui uma justiça própria, sua; seria ridículo pensar-se em uma justiça construída pela Maçonaria. Justiça, para nós, é a justiça que chamaríamos de comum, profana, sociável, distributiva, eqüitativa.

Vejamos o que nos ensina o Dicionário de José Castellani:

> *Justiça – Substantivo feminino (do latim Justitia), designa a virtude que inspira o respeito dos direitos de outrem, concedendo o que é justo e fazendo dar a cada um o que é seu; a faculdade de premiar ou punir, segundo o direito; o conjunto de magistrados judiciais e demais pessoas que servem junto deles; o pessoal do tribunal.*

Antes de continuarmos este ensaio, que pretendemos seja o mais completo possível, vamos chamar em nosso auxílio o gênio da filosofia grega, Aristóteles. Todas as transcrições que dele fizermos, tiramo-las de "A Ética a Nicômaco"*.

Ao apontar as virtudes éticas – brandura, amabilidade, sinceridade, urbanidade, pudor – Aristóteles se refere à justiça, nesses termos:

> *Mas incomparavelmente mais importante é a **justiça**, cujo significado primário e mais geral é de obediência às leis; e, pois, que as leis ordenam o bem da comunidade civil e as virtudes que tal bem promovem, e proíbem as más ações, assim no seu mais amplo sentido, pode dizer-se que a justiça abarca todas as virtudes, e que ela é a virtude ótima e perfeita: perfeita porque, quem a possui, pode usar da virtude não só nas coisas próprias, senão também com respeito aos outros todos.*

* Essa obra de Aristóteles nós a conhecemos em três redações: a GRANDE ÉTICA, em dois livros; a ÉTICA a EUDEMO, em oito livros e a "A Ética a Nicômaco", em dez livros. A obra que possuímos traz, na notícia Histórico-Biográfica, a seguinte observação: "Muito se discutiu a autenticidade e a época em que foram escritas essas obras. Mas hoje a tendência é considerar que não só a NICOMAQUÉIA como a EUDÊMIA e a GRANDE ÉTICA são autênticas, pertencendo as duas últimas a um período anterior do pensamento aristotélico. A NICOMAQUÉIA parece refletir, segundo as autoridades, a doutrina do período mais maduro, porque sobrepuja largamente as outras pela ordem, pela inteireza, pelo valor literário, chegando a ser considerada, por antonomásia, a Ética de Aristóteles".

Sempre que se levanta qualquer questão que envolva a justiça, vemo-nos diante de um duplo aspecto: mistério e problema. Mistério porque a justiça envolve uma série de sutilezas, pendendo o sentido da coisa em si ou da realidade exata. Problema, porque se há de preservar a verdade, aplicando-se ou não a justiça.

Devemos alargar um pouco nosso estudo sobre **mistério**, uma vez que a aplicação da justiça, na maior parte das vezes traz conseqüências nem sempre de acordo com os princípios que devem reger a aplicabilidade dessa virtude.

Aliás, em filosofia o termo mistério está longe de significar algo contraditório. A inteligência se volta sempre de maneira resoluta na busca de decifrar algo que se apresente com um qüidem misterioso. A própria inteligência, por acaso, não é algo soberanamente misterioso? O objeto do conhecimento não é o mistério elevado a um estado de inteligibilidade?

Sempre que se fala em justiça ou na aplicação da justiça o objeto central não é o ser? Por isso mesmo é que o filósofo Jacques Maritain, na sua "Sete lições sobre o Ser" faz a seguinte indagação:

> *E o ser não é um mistério, ora porque é rico demais em inteligibilidade, puro demais para nossa inteligência, como nas coisas espirituais, ora porque comporta em si mesmo uma maior ou menor resistência à inteligibilidade, o testemunho em si do não-ser, como é o caso do devir, da potência e, antes de tudo, da matéria?*

Porventura, perguntamos nós, a má aplicação da justiça por aqueles que têm obrigação de bem aplicá-la, não é também um mistério?

O símbolo da justiça é uma balança, portada por uma mulher de olhos vendados. Não existe simbologia mais perfeita do que essa. Os olhos vendados da mulher indicam que a justiça é cega e deve ser aplicada com correção: a Deus o que é de Deus e a César o que é de César. Aí está o "suum cuique" (a cada um o que é seu).

Os pratos da balança aparecem sempre em perfeito equilíbrio, a nos indicar que a misteriosa justiça é uma relação perfeita de causa e efeito.

Quando alguém foge aos ditames da lei, ocorre o desequilíbrio entre os pratos da balança e se torna necessário que a lei seja cumprida para que o equilíbrio volte a caracterizar o restabelecimento da justiça.

Quando pensamos em definir justiça, lembramo-nos de que este termo é um abstrato que não tem definição assim como a maioria dos abstratos. Aí é hora de nos voltarmos para Kant que, na "Crítica da Razão Pura", afirma:

> *Como indica a própria palavra, **definir** só deve propriamente significar tanto quanto apresentar originariamente, dentro de seus limites, o conceito minucioso de uma coisa. Segundo uma tal exigência um conceito empírico de modo algum pode ser definido, mas sim unicamente explicitado.*

Evidentemente que a palavra justiça engloba algo de tão extraordinária contextura que não admite definição. A idéia de justiça, por mais que queiramos, não se apresenta com clareza à nossa inteligência. De nada adianta usarmos palavras bonitas, metáforas extravagantes, procurando explicitar o que seja justiça.

Já entre os filósofos da antiga Grécia, a justiça merecia uma atenção toda especial. O primeiro filósofo a engrandecer o sentido de justiça foi Sócrates. O inventor da maiêutica não admitia que as leis fossem desobedecidas.

E provou que não falava por falar, pois quando foi **injustamente** condenado à morte e lhe ofereceram uma oportunidade para fugir de Atenas, negou-se a fazê-lo, afirmando que, se agisse assim, estaria desmentindo tudo o que pregara na vida. Não olvidemos o que escreveu Aristóteles e transcrito já neste Trabalho:

> *Mas incomparavelmente mais importante é a justiça, cujo significado primário e mais geral é de obediência às Leis.*

Depois, Platão, na sua "Teoria das Idéias", onde, ao escrever sobre o Bem absoluto, enfatizou realmente essa idéia do "Bem". Platão pensava que a justiça se realizaria quando a humanidade tivesse alcançado aquele estágio consubstanciado na sua idéia do "Bem".

Também Aristóteles apegou-se à idéia do **bem**. Na obra já por nós citada, o filósofo escreveu:

> *Toda arte e investigação, e igualmente toda ação e todo propósito, parecem ter em mira um bem qualquer: por isso foi dito sem razão que o bem é aquilo a que todos as coisas visam. Mas há que fazer uma distinção entre os fins: em alguns casos os próprios atos são fins; em outros, certas obras, além dos atos. Onde existem certos fins para além das ações, ali as obras são por natureza mais excelentes que os atos.*

Por aí se vê que Aristóteles nem sempre concordava com o seu mestre.

Voltando à justiça e ainda pensando em Aristóteles, queremos frisar que justiça é algo imaterial, portanto, não comporta partes. Ela se reduz a si mesma, mas é movida no que diz respeito aos meios, na medida em que é aplicada. Dito isto, voltemos ao filósofo que nos vai dizer o que pensa sobre as espécies de justiça:

> *Em sentido mais restrito a justiça é de duas espécies: uma se reporta à distribuição das honras, das riquezas e de todas as outras coisas divisíveis entre os cidadãos; a outra, comutativa, regula as aquisições e os contratos. A justiça distributiva está na igualdade das relações. As honras devem ser dadas na razão do mérito. A repartição malfeita gera a injustiça, porque, porque quem tem mais é uma ofensa a quem tem menos. A justiça corretiva, ao contrário, está na igualdade aritmética, de modo que as partes tenham igual proveito ou o dano: a ela não lhe faz diferença que um homem probo tenha sido roubado por um biltre, ou então que sucedesse o contrário. Os culpados são tratados como iguais... Afim da justiça é a* ***eqüidade****, nasce quando a justiça diz respeito a um caso que foge do comum e da generalidade própria da lei; de sorte que a eqüidade é como uma correção, de que a lei, pela sua abstratividade, necessita continuadamente.*

Muitos outros filósofos se preocuparam com a questão da justiça e da injustiça. Alguns, como John Locke (1632-1704), se estribam em pormenores que poderiam parecer sem importância, mas que terminam convencendo-nos do contrário.

Bertrand Russell analisando o "Ensaio sobre o Entendimento Humano", a principal obra de Locke, entre outras coisas afirma que a filosofia do filósofo inglês, tal como aparece no ENSAIO, possui méritos e deméritos e chega à conclusão de que ambos foram igualmente úteis.

Analisando **A moral, suscetível de demonstração,** Locke, a certa altura, afirma que as medidas do que é certo e do que é errado poderiam tornar-se claras a todos os que as aplicassem com a mesma frieza e atenção com que se aplicam as das outras ciências. Verifica-se, assim, a preocupação do filósofo com a má aplicação da justiça.

Logo depois, ele escreve:

> *Onde não há propriedade, não há injustiça: esta é uma proposição tão certa como qualquer demonstração de Euclides, pois sendo a idéia de propriedade um direito a alguma coisa, e sendo a idéia a que se dá o nome de* ***injustiça*** *uma invasão ou violação desse direito, é evidente que estabelecidas assim estas idéias e vinculados estes nomes a elas, não posso conhecer com a mesma certeza que esta proposição é tão certa como a de que um triângulo tem ângulos iguais a dois ângulos retos.*

Voltemo-nos agora para o nosso ambiente maçônico, onde se poderia supor a justiça é de caráter permanente. Muitas e muitas vezes isto não ocorre.

O Maçom que não estuda, que é infreqüente aos trabalhos de sua Loja, comete injustiça contra si próprio, porque deixará de usufruir os benefícios que o estudo e a participação lhe proporcionariam e, sobretudo, porque não está cumprindo o que, de livre e espontânea vontade, prometeu, quando de sua Iniciação.

A Loja comete séria injustiça contra Aprendizes e Companheiros quando lhes proporciona aumento de salário sem que eles mereçam. É direito deles receber instruções claras e bem ministradas a fim de que possam crescer cultural e espiritualmente.

A verdade é que o número de injustiças em nosso meio é muito grande. Irmão que nada faz e só sabe criticar o que os outros fazem está sendo duplamente injusto: com os Irmãos e com a Maçonaria universal.

Diante disso, o Maçom deve ter a justiça como um hábito, que poderíamos classificar como uma virtude moral, o que proporcionaria ao TODO maçônico benefícios sem conta. Ao invés de querer conceituar a justiça, o melhor que faríamos seria buscarmos os meios e os modos de praticá-la sempre.

Ora, se entre os Maçons existe a conceituação de que todos somos iguais, então o elemento primordial entre nós será a justiça, a prática diuturna da justiça, estaremos cumprindo o que Luis Siches nos ensina:

> *A justiça, seja em sentido amplo, seja em sentido estrito, é sempre concebida como uma harmonia, como uma igualdade proporcional, como uma harmônica medida de troca e distribuição.*

A Maçonaria tem seus olhos voltados de maneira constante para a problemática da justiça. Sobretudo porque entre os problemas que afligem a humanidade, o pior de todos, **a guerra**, espalha a injustiça, estraçalha os direitos comezinhos do homem. Que nos respondam os criminosos, responsáveis por milhares e milhares de mortes em Hiroshima e Nagazaki.

Em uma das reuniões das Grandes Lojas da América Latina (Confederação Maçônica Internacional) foi expedida pelas Potências ali reunidas uma Declaração de Princípios, publicada, na época, pela Revista "A Verdade", da Grande Loja Maçônica do Estado de São Paulo, onde se pode ler o seguinte tópico:

> *A Maçonaria entende que os povos têm o direito inalienável ao progresso e à paz, para tanto, necessário é que a liberdade individual deve ser exercida com responsabilidade. Por outro lado, a igualdade entre os seres humanos implica que todos, sem distinção,*

recebam tratamento justo no aspecto social, econômico e tributário, tendo-se em conta que a eqüidade não significa aplicar a todos o mesmo tratamento, porque isso seria grande injustiça, senão aquele tratamento que corresponde, de acordo com a condição, possibilidade e necessidade de cada um.

O que se deve saber sobre o Simbolismo Maçônico

Quando entramos em contato com nossos Irmãos, espalhados por esse Brasil afora, mormente observando as perguntas que nos são feitas por ocasião de nossas palestras, verificamos que ainda temos muito o que aprender e o que ensinar sobre o Simbolismo Maçônico.

Existe uma série de interrogações que devem ser respondidas:

Que é simbólica?
Que é simbolismo?
Que é imagem?
Que é signo?
Que é emblema?
Que é parábola?
Que é apólogo?
Que é fábula?
Que é alegoria?
Que é símbolo?

No primeiro volume do nosso livro "Filosofia da Maçonaria Simbólica", fizemos um estudo sobre Símbolos e alegorias. Que fique bem claro que não é nosso intuito ficar repetindo aqui o que está escrito lá. A verdade é que este estudo será bem diferente daquele, mais completo, uma vez que iremos tentar responder a todas as perguntas formuladas linhas atrás.

Tudo na Maçonaria nos é apresentado na encarnação de Símbolos e de alegorias. É importante ter sempre em mente que toda a estrutura doutrinário-ideológica da Maçonaria se encontra baseada no simbolismo. Os Símbolos possuem todas as chaves que devemos usar para abrir as portas do conhecimento maçônico.

Se pararmos para pensar, verificaremos que, neste nosso mundo, tudo o que se aprende e se ensina é feito através de símbolos, de alegorias, de fábulas, de parábolas, de signos, etc. A começar pelos meios que possuímos de intercomunicação, talvez a coisa mais importante para o homem.

Que é linguagem? É todo o sistema organizado de sinais que serve como meio de comunicação entre os indivíduos. E é bom observar que, de acordo com o tipo de linguagem, os sinais mudam completamente.

A linguagem escrita lança mão dos sinais gráficos; a oral, dos sons e ainda lançamos mão dos gestos.

Que significa **simbólica?** Simbólica é a ciência que estuda e explica os símbolos. Tal estudo é feito de maneira completa, não deixando de lado a história e as leis que as regem.

Observe-se que é, outrossim, o conjunto de símbolos de uma religião, de um povo, de uma instituição.

A simbólica é estudada, observando-se os três aspectos que ela possui: conjunto de símbolos que caracterizam uma tradição; conjunto de interpretações do símbolo; interpretação do símbolo pela análise psicológica.

Que é simbolismo? Segundo Carl Gustav Jung, simbolismo pode ser a interpretação por meio de símbolos ou a ciência que se fundamenta na essência do símbolo e suas conseqüências normativas.

Para nós, Maçons, simbolismo é a utilização do Símbolo, na busca de uma verdade.

Que é imagem? Imagem (do lat. imago) é algo que nos lembra uma coisa qualquer por ter semelhança com ela. Pode ser também a representação mental de um objeto ou a recordação que se tenha de alguma coisa.

Que é signo? Signo (do lat. signum) é cada uma das doze partes em que se divide o zodíaco: carneiro, touro, gêmeos, câncer, leão, virgem, balança, escorpião, sagitário, capricórnio, aquário, peixcs.

Que é emblema? Emblema (do lat. emblema) é uma figura simbólica: divisa, insígnia, símbolo, etc..

Que é parábola? Parábola (do lat. parabola) é uma narração alegórica que, normalmente, encerra um preceito moral ou uma verdade importante, quase sempre usada com o fito de educar.

Que é apólogo? Apólogo (do gr. apologos) é uma historieta alegórica que traz no bojo uma lição de sabedoria. Pode-se defini-lo como um ensinamento moral em forma de fábula.

Que é fábula? Fábula (do lat. fabula) é uma composição literária, em prosa ou em verso, através da qual se narram fatos imaginários, cujo fito primeiro é educar.

Que é alegoria? Alegoria (do lat. Allegoria) é a exposição de um pensamento sob forma figurada.

Uma obra literária que apresenta uma determinada coisa para dar idéia de outra.

Uma forma figurada de representar coisas ou idéias que poderiam ter, ou não, verdadeiro conteúdo simbólico.

Que é símbolo? Símbolo (do gr. symbolon), segundo Jung, é a representação de algo relativamente desconhecido, que não pode ser transmitido de outra maneira.

Para o dicionarista, símbolo é a imagem com que se designa, de modo sensível, uma coisa puramente moral; emblema ou figura representativa de um objeto; sinal externo de um sacramento; substituição do nome de uma coisa pelo nome de um sinal; formulário que contém os principais artigos de uma religião; idéia consciente que representa uma idéia inconsciente.

Símbolo é um objeto que, devido a sua forma, representa, em determinado contexto, alguma coisa abstrata ou ausente.

José Castellani nos ensina que:

> *Os Símbolos Maçônicos representam a maneira velada através da qual a Instituição Maçônica dá, aos seus Iniciados, as lições de moral e ética, que fazem parte de sua doutrina. E eles são, de maneira geral, os instrumentos ou figuras, ligados à arte da construção e tanto podem ter uma interpretação alegórica ou mística.*

Pode ser também um elemento descritivo ou narrativo suscetível de dupla interpretação, associada quer ao plano das idéias, quer ao plano real.

Sinal que substitui o nome de uma coisa ou de uma ação.

Na Instituição Maçônica, o Símbolo é algo que, devidamente interpretado, serve para que se chegue a um determinado tipo de conhecimento. Pode-se, ainda, afirmar, que o Símbolo é o objeto que serve para revelar algo, mas que, ao mesmo tempo, intenta ocultá-lo.

Os Símbolos nunca devem falar aos sentidos, mas sim, excitar a imaginação. Seu objetivo primeiro é a investigação da verdade. Aliás, eles podem ser a alegoria da verdade, mas não são a verdade. Exprimem apenas a imagem simples da realidade das coisas.

Quase tudo aquilo que a Maçonaria nos ensina, é feito através de Símbolos.

Jung assinala:

> *Os símbolos, considerados a partir do ponto vista do realismo, não constituem verdades exteriores, todavia, são psicologicamente verdadeiros, pois serviram e servem de ponte através da qual foi e é possível abrir passagem para todas as grandes conquistas da humanidade.*

É preciso que se assinale que o Simbolismo Maçônico difere completamente do simbolismo popular, do simbolismo religioso e outros que tais.

A grande diferença entre o Simbolismo Maçônico e o religioso está na maneira de interpretar.

Jules Boucher quando trata do tema, logo no início de sua obra, cita o abade Auber, o qual estuda a aplicação do símbolo na interpretação das Sagradas Escrituras. De começo, aparecem expressões inusitadas como **tropológico** e **anagógico**. Ora, a **tropologia** nada mais é que o emprego de linguagem metafórica, enquanto que **anagogia** significa êxtase, arrebatamento místico.

E Boucher transcreve ensinamentos do abade Auber que mostram a grande diferença existente entre a simbologia usada pela Igreja e a nossa simbologia.

Vamos fazer a transcrição de parte dos ensinamentos acima referidos, visando aqueles Irmãos que porventura não possuam o livro de Boucher "La Symbolique Maçonnique".

Ensina o abade Auber:

> *Não empregar nunca o sentido acomodatício, como tendo sido dado por autores sagrados, mas como uma simples apropriação, feita por nós mesmos, da linguagem divina sobre o assunto que estamos tratando.*
>
> *Não alterar em nada, sob nenhum pretexto, o sentido literal ou espiritual que não poderá ser explicado a não ser pela Igreja e segundo a definição do Concílio de Trento.*

Paremos por aqui. Verifica-se que a interpretação simbólica só pode ser aquela feita pela Igreja. Aí está a grande diferença que existe entre a simbologia religiosa e a simbologia maçônica: a exegese da primeira é imposta, enquanto a da segunda, é livre.

E Boucher cita ainda um outro abade, o padre Bertaud que segue a mesma linha do abade Auber.

Passando essa primeira parte do ensaio de Jules Boucher, continuando a segui-lo, verifica-se que é absolutamente correto o estudo que ele faz do Simbolismo Maçônico.

Inclusive, Boucher cita Henry Thiriet que, aborrecido com a negligência de Irmãos que deixam de lado o estudo do simbolismo, afirma não entender, a não ser como doença do espírito, que alguém possa negar o valor e a necessidade do simbolismo em nossa Instituição. E diz que aqueles que se obstinam a não estudar o simbolismo, não percebem que estão negando, ao mesmo tempo, o **caráter**

filosófico (o grifo é nosso) da Franco-Maçonaria e que, desse modo, privam-na de sua virtude essencial.

Tem razão Thiriet, e nem podia ser diferente: todos nós temos obrigação de procurar entender o simbolismo em si e só o conseguiremos estudando.

Antes de passarmos à análise dos principais Símbolos Maçônicos, queremos transcrever uma passagem de Brunetière, citada por Boucher:

> *O símbolo é imagem, é pensamento. Ele nos faz captar, entre o mundo e nós, algumas dessas afinidades secretas e dessas leis obscuras que podem muito bem ir além do alcance da ciência, mas que nem por isso são menos certas. Todo símbolo é, nesse sentido, uma espécie de revelação.*

∴

> *Nada há de mais fascinante do que a busca inteligente da significação de um símbolo. O que importa, realmente, é que a significação encontrada satisfaça a quem procurou.* (RR, in "A Filosofia da Maçonaria Simbólica", vol. 2)

Vejamos agora as interpretações mais comuns de alguns Símbolos Maçônicos:

ABLUÇÃO – Simboliza a limpeza moral; retirada das impurezas.

ACÁCIA – Símbolo da imortalidade, da ressurreição. Simboliza também a pureza.

ÁGUA – Simboliza a purificação, o renascimento. Na Câmara de Reflexão, significa o alimento do Espírito.

ALAVANCA – Representa o poder da vontade. O

braço que usa representa a potência, com toda a energia, oriunda do poder da vontade e deve remover o peso dos vícios e das paixões. Simboliza a força interior capaz de fazer com que o Maçom cumpra fielmente todas as obrigações que livremente assumiu. É importante que se use a alavanca da vontade e, a passos largos, que se caminhe pela estrada da perfeição maçônica.

AMPULHETA (Câmara de Reflexão) – Símbolo do tempo. Simboliza a efemeridade da vida humana.

AR – Viagem. A existência do homem é como o ar, sujeito a variações e obstáculos. Meio sutil, intermediário entre o Céu e a Terra.

ÁRIES (Carneiro) – Fogo interior do homem, fogo construtivo. Simboliza o ardor iniciático, conduzindo à procura da iniciação.

AVENTAL – Símbolo do trabalho. Significa a permanência no trabalho, sua necessidade e a honra que confere a quem a ele se dedica. Castellani nos ensina que:

> *a abeta levantada serve para proteger o epigástrio (região da boca do estômago) considerado como a sede das emoções humanas, uma vez que o Aprendiz ainda não tem capacidade para o controle das emoções; a abeta levantada, cobrindo a região epigástrica, evitaria a exteriorização dela, para que não haja interferência no equilíbrio dos trabalhos da Loja. Outra interpretação: a abeta é um triângulo sobre um quadrado – o triângulo representa o espírito e o quadrado, a matéria. A abeta abaixada, no 2º Grau, mostra que o espírito está incorporado à matéria.* (in "Dicionário Etimológico Maçônico")

BALANÇA – Equilíbrio natural. Constelação zodiacal (ver Libra).

CHAVE – Poder, disposição para o trabalho. Simboliza acesso a um novo estado de vida.

CINZEL – Ato eficaz (determinado ao mesmo tempo pela força e pela razão). Simboliza o espírito em ação. Esotericamente, simboliza a matéria sobre a qual atua o espírito (que é o maço). Exotericamente, o cinzel simboliza a razão, a inteligência. Simboliza ainda o discernimento, a receptividade intelectual.

COLUNA – Árvore da vida, eixo do mundo.

COMPASSO – Representa a Justiça pela qual devem ser medidos os atos do homem. Simboliza o comedimento nas buscas. É a representação das qualidades espirituais e do conhecimento humano. Quando posicionado com o Esquadro, significa o espírito. Simboliza a pesquisa, a busca, a medida certa, a verificação da coisa achada, o ato refletido e controlado, o poder do espírito, ação do céu sobre a terra.

CORDEL – Instrumento de trabalho do Mestre Maçom – Simboliza o trabalho em comum; simboliza mais a unidade de ação, a fraternidade exemplar, a solidariedade. Simbolicamente, o Cordel indica a linha reta ou a boa conduta do Maçom.

CRUZ – União dos contrários – ponte para chegar a Deus. Simboliza a união do mundo superior com o mundo inferior.

DELTA – Mais uma vez, servimo-nos dos ensinamentos de José Castellani:

> *Em Maçonaria um dos principais Símbolos, sendo chamado de Delta Radiante ou Luminoso, localizado no Oriente, no centro da parede oriental do Templo, podendo ter, em seu interior, a figura de um olho esquerdo ou as letras do nome hebraico de Deus (Iôd-hé-vav-hé) ou ainda só a primeira letra. Ele representa a presença de Deus e deve ser saudado sempre que o Maçom cruza o equador do Templo por simbolizar a divindade, não pode ser encoberto por nada e por ninguém, devendo sempre estar bem visível, para todos os que se encontram no templo.* (in "Dicionário Etimológico Maçônico")

ENXOFRE – (Câmara de Reflexão), simboliza a depuração da culpa.

ESCADA – Simboliza a dificuldade a vencer, a subida em direção ao conhecimento. Ponte entre a Terra e o Céu. A Escada de Jacob simboliza a ligação do Iniciado com Deus, através da subida na escala iniciática. A Escada em Caracol simboliza o caminho tortuoso e difícil que o Iniciado deve enfrentar para atingir a luz. Simboliza ainda a continuidade na luta, para alcançar a Câmara de Meio.

ESQUADRO – Quando posicionado com o Compasso significa a matéria. É o instrumento que faz a verificação de toda e qualquer ação, rigorosa correspondência das forças, incitação ao término do trabalho. Além de significar a materialidade humana, simboliza a eqüidade, a justiça, a retidão de caráter. O Irmão José Castellani, na obra citada, nos apresenta mais o seguinte:

O Esquadro é a qualidade do que é reto, tanto no sentido físico quanto no moral; assim, à retidão física, emanada do Esquadro, corresponde a retidão moral, caracterizada pelas ações de acordo com a lei, com o direito e com o dever, e a virtude de seguir retamente, sem se desviar da direção indicada pela eqüidade.

ESTRELA – A Estrela Pentagonal simboliza as qualidades espirituais do homem. Guia, harmonia celestial, quando as Estrelas são conduzidas por Maçons no momento em que recepcionam autoridade, simbolizam a luz que emana dos Irmãos que as conduzem.

FÊNIX (ave) – Simboliza a ressurreição, a imortalidade. O corpo é reduzido a pó, mas a alma sobrevive, porque é imortal.

FLECHA – Raio que fecunda, intuição, símbolo do destino.

FOGO – Um dos símbolos da divindade. Simboliza a depuração, o conhecimento. **Igne natura renovatur integra** (INRI). A tradução correta é: **A natureza inteira é renovada pelo fogo.**

G (letra) – Significa GEOMETRIA ou quinta ciência.

LÂMPADA – Símbolo da imagem do homem, guarda protetora.

LIBRA (balança) – Signo Zodiacal correspondente ao Grau de Companheiro Maçom que se correlaciona com a dualidade do Grau – do SER e do NÃO-SER = a dúvida existencial (filosofia argumentada por Parmênides de Eléia). Simboliza o Companheiro envidando esforços para atingir o pleno desenvolvimento de seu potencial de trabalho.

LUA – A Lua representa a alma, assim como o Sol representa o espírito. A Lua simboliza a imaginação. Quando está no quarto crescente simboliza nascimento, simboliza pureza, simboliza ressurreição.

LUVA – Simboliza as mãos limpas e imaculadas. Sinal de pureza. As luvas deveriam ser sempre usadas pelos Obreiros nas Sessões Magnas. Já o Grão-Mestre, o Grão-Mestre Adjunto, o Venerável Mestre deveriam sempre usar as luvas, pois elas reforçam a imagem da retidão de caráter, e a pureza de intenção.

LUZ – Simboliza ascensão psíquica, o esclarecimento que esclarece o espírito, a claridade espiritual. A Luz simboliza a imaginação.

MÃE – Simboliza a energia criadora. O termo é muito usado pelos Maçons (Loja Mãe) para indicar a Loja onde foi Iniciado. A Grande Loja de Londres é chamada de Obediência Mãe, por ter sido a primeira do mundo.

MALHETE – Símbolo maior da autoridade. É o instrumento usado pelos Veneráveis Mestres e pelos Vigilantes. O Malhete é utilizado para chamar a atenção, para as baterias simbólicas e os aplausos. Simboliza a força, o poder, a vontade de ação e sua realização.

MALHO – Como o Cinzel é instrumento de trabalho do Aprendiz. O Malho e o Cinzel são dois instrumentos inseparáveis, os dois juntos simbolizam a sabedoria. O Malho simboliza a vontade; representa a força física, o poder, o querer irreprimível de combater o erro, a imperfeição, tão comuns na "pedra humana". O Malho é o símbolo perfeito do aspecto ativo da consciência. Simboliza a força do caráter a serviço da razão e da inteligência; do ponto de vista místico representa o espírito atuando sobre a matéria.

MÃO – Mais uma vez vamos servir-nos dos ensinamentos de mestre Castellani:

> *Além dos atos comuns, as mãos servem para compor os Sinais dos Graus, juntamente com os antebraços e sempre formando esquadria. O simbolismo das mãos limpas – indenes das lodosas do vício – tem sua representação na purificação delas pela água, na Cerimônia de Iniciação e nas Luvas brancas.* (in "Dicionário Etimológico Maçônico")

As mãos simbolizam também ação orientada, expressão operante, possessão e domínio.

MAR (de bronze) – Em alguns Ritos, como no Escocês Antigo e Aceito, o Mar de Bronze é colocado no Ocidente, sendo usado para a purificação das mãos, durante a Cerimônia de Iniciação.

METAL – Simboliza a energia cósmica condensada ou o condicionamento social.

MORTE – Simboliza o fim de alguma coisa positiva ou pode simbolizar também a passagem a um novo modo de ser. Simbolicamente é isto que acontece com o Candidato quando ele é introduzido na Câmara de Reflexão, pois esta simboliza o interior da Terra de onde o Candidato nasce e é, ao mesmo tempo, o túmulo de onde ele renasce.

MÚSICA – Harmonia cósmica. Simboliza o acesso ao Absoluto.

NÍVEL – Simboliza a igualdade que deve reinar entre os Maçons. É a jóia distintiva do 1º Vigilante. Simboliza ainda a serenidade, virtude que deve adornar não só o espírito do 1º Vigilante, mas de todo e qualquer Maçom. Simboliza o amor com que o Maçom deve dedicar-se à sua Loja. Prática correta dos conhecimentos, rigor, justiça.

PEDRA BRUTA – Simboliza o trabalho a fazer, a primeira obrigação em todo o trabalho a fazer, a ignorância a vencer, a busca do aperfeiçoamento. Simbolicamente, o Aprendiz traz consigo, da vida profana, defeitos que devem ser extirpados. Além do que ele ignora completamente tudo o que vai vir, na continuação dos estudos maçônicos, nos Graus seguintes. Ficará cheio de dúvidas, mas não deve esquecer que os romanos já diziam que é duvidando que se alcança a verdade – Dubitando ad veritatem pervenimus.

PEDRA CÚBICA – Simboliza a plenitude, o trabalho efetuado, o uso das faculdades humanas na consecução daquilo que se pretende alcançar. O alcance da Gnose, o conhecimento adquirido. A Pedra Cúbica simboliza também a perfectibilidade a que deve chegar todo o Maçom; é símbolo da alma que aspira subir até sua fonte (Deus). Simboliza o Companheiro que, além de adquirir cultura, aspira ser espiritualmente educado e que saiba de onde veio, o que é que está fazendo aqui e para onde vai.

RÉGUA – Importantíssimo instrumento de trabalho na Maçonaria. Origem de todo o trabalho, precisão na execução das tarefas, presença efetiva do trabalhador no trabalho. Apresenta-se de duas maneiras: lisa e graduada. Quando vai passar do Nível ao Prumo, o Aprendiz leva ao ombro esquerdo a régua lisa, não graduada, que simboliza a Lei, a Ordem e a Inteligência, que devem orientar os estudos do Companheiro, bem como os trabalhos dos Maçons. A Régua graduada, de 24 polegadas, que também é usada na Cerimônia de Elevação é o Símbolo do tempo, lembrando-nos que a vida passa rapidamente, ao mesmo tempo em que nos sugere o bom aproveitamento da existência; simboliza as 24 horas do dia. E simboliza mais: o Amor, que deve comandar os atos dos Maçons. A Régua simboliza o aperfeiçoamento, simboliza a retidão. Podemos ainda considerar a Régua como Símbolo do infinito (a reta sem começo e sem fim). A Régua é, sobretudo, o Símbolo da moralidade e do dever.

A Régua e o Compasso, quando juntos, simbolizam a Lei Moral. Quando em conjunto com a Alavanca, simbolizam o respeito e o acatamento às Leis. E, quando unida ao Esquadro, simbolizam a criação de uma Ética.

SOL – É o símbolo da Luz. Para nós, Maçons, o Sol é o Símbolo da luz do conhecimento, da luz da razão, da luz do intelecto, é o símbolo do constante renascer.

TROLHA – É o Símbolo do amor fraterno e do sentimento de benevolência esclarecida. Representa a igual repartição, a origem ativa de toda aquisição. Simboliza a humildade e a participação necessária.

A Trolha

Um dos instrumentos de pedreiro mais conhecidos e mais usados nos meios maçônicos é, sem dúvida alguma, a Trolha.

Em nosso meio, virou nome de Revista, talvez aquela que mais serviços tem prestado à Maçonaria do Brasil: "A TROLHA".

Essa maravilhosa publicação, editada em Londrina, e que já anda aí pela casa dos trinta e três anos, foi fundada pelo nosso inesquecível Irmão Francisco de Assis Carvalho, que iniciou a publicação de sua revista em Jandaia do Sul, só Deus e Doca sabem com quanto sacrifício.

E o Assis, por obra e graça do Castellani, teve um outro batismo e passou à História com o cognome de XICO TROLHA, que ele adorava.

Pois é essa Trolha (o instrumento) que não tem merecido a atenção dos escritores daqui e d'além.

Pusemo-nos a campo para buscar no seu verdadeiro significado a conotação esotérica maçônica.

Ninguém ignora que a trolha é instrumento importantíssimo para os que trabalham numa construção. Ela não pode faltar; ao cabo de contas, é com ela que o pedreiro dá os últimos retoques, depois de tê-la usado bastante, colocando a argamassa onde vai colocar o tijolo.

Apesar de buscar e rebuscar em vários autores, quase nada encontramos sobre tão útil instrumento de uso em qualquer construção. O Jules Boucher, na sua "La Symbolique Maçonnique", não nos dá sua opinião e apenas transcreve meia dúzia de linhas do Wirth e, outras tantas, do Plantagenet que, aliás, também pouco esclarecem sobre o assunto.

O que nos causa admiração é que nos livros que conhecemos sobre o Rito Escocês Antigo e Aceito a Trolha não se encontra entre os instrumentos simbólicos adotados pelo Rito. E essa admiração cresce quando pensamos que a Trolha, como já se disse acima, é instrumento usado em construção tão útil e necessário quanto os que mais o são.

Wirth, citado por Boucher, adverte-nos que a Trolha é o símbolo dos sentimentos de benevolência esclarecida e, adianta mais, que, além de simbolizar tolerância em larga escala (sic) é, ainda, símbolo da fraternidade universal.

Essa última afirmativa do grande escritor – fraternidade universal – tem, para nós, uns laivos de exagero. Gostamos mais daquilo que Plantagenet, também citado por Boucher, nos ensina.

> *A Trolha é o Símbolo do amor fraterno, que deve unir todos os Maçons e que é o único cimento que os operários podem usar para a edificação do Templo. Enquanto o Companheiro, mesmo o consciencioso, assíduo, zeloso, não se aperceber disso, sua obra não estará acabada e ele não será digno de nenhum aumento de salário.*

Plantagenet podia alargar seu conceito e, ao invés de

citar o Companheiro Maçom, podia usar, pura e simplesmente, o termo Maçom. No dia em que nós, Maçons, nos capacitar-nos do que seja o **verdadeiro amor fraterno**, a Maçonaria terá cumprido grande parte de sua missão.

Ao terminar as poucas linhas que dedica à Trolha, Boucher escreve o seguinte:

> *O Rito Francês, judiciosamente, ligou a Trolha à quinta viagem da Iniciação ao Grau de Companheiro, porque, com efeito, nunca podemos dar um trabalho como completamente acabado.* ***É lamentável que o Rito Escocês não possua esse Símbolo no seu Ritual****(o grifo é nosso).*

Segundo o que nos ensina o Mestre José Castellani, o verbo **trolhar**, da maneira como o usamos, está completamente errado. Ao invés de trolhamento, ele lembra que o certo é **telhamento**.

Concordamos inteiramente com o grande escritor, porém, é nosso pensar que ele está gastando, sem necessidade, fosfato, tinta e papel. Trolhamento é a tal cunha que jamais deixará de ser usada. Está nos Rituais. Criou raiz de erva, pode até ser erva daninha, mas não prejudica em nada a Liturgia Maçônica. Usos e costumes... não é isto o que dizem os "sábios"?

O pedreiro usa a trolha para alisar a argamassa; em Maçonaria, significa o apaziguamento de eventuais desavenças entre Irmãos.

Anaxágoras e as Homeomerias

As homeomerias – Dedicado aos problemas da natureza, Anaxágoras apresentou uma fecunda explicação de multiplicidade da matéria dentro de sua unidade. Para ele tal unidade existe, pois os corpos se compõem de partículas mínimas, perfeitamente idênticas, e de que são feitos todos eles. Combinadas, porém, de diversos modos, revestem-se de aspectos diferentes e das propriedades notadas nas coisas. (R. Haddock Lobo, in "A Filosofia e sua Evolução")

Anaxágoras nasceu em Clazômenas, na Lídia, Ásia Menor, em 499 e faleceu em Lâmpsaco em 428 a.C. Os melhores autores assinalam que ele viveu entregue aos estudos das Ciências e, aos quarenta e cinco anos de idade, mudou-se para Atenas. Até então, a sede do saber filosófico estava instalada na Ásia Menor e na Magna Grécia (Sul da Itália e Sicília). Com Anaxágoras, a filosofia se instala também na Hélade que, segundo Hegel, até ali, não tinha tido filosofia alguma. Foi, portanto, o primeiro grande pensador a exercer suas atividades em Atenas. Sua estada na Capital da Hélade é, não há dúvidas, um marco importantíssimo na vida intelectual daquela cidade.

Anaxágoras viveu em Atenas na época de Péricles (499-429 a.C.), de quem foi grande amigo e conselheiro, permanecendo sempre a seu lado, até quando foi obrigado a sair da cidade.

Quando o filósofo se transferiu para Atenas, esta cidade havia alcançado o cume de sua grandeza, convertendo-se em cabeça do poderio grego e sede das artes e das ciências. Pois, após as guerras persas, viu crescer o seu poderio, tendo-se apoderado de grande parte das ilhas do arquipélago grego, bem como de inúmeras cidades marítimas da Trácia, banhadas pelo Mar Negro.

Carlos Júlio Belloch assinala que:

> *Durante meio século após a vitória sobre os persas reinou paz no mundo grego; o que trouxe como conseqüência um florescimento incomparável do progresso econômico. Sobretudo, Atenas teve um grande progresso devido à sua posição dominante sobre o mar. O porto de Pireu, construído por Temístocles, tornou-se, no decorrer de poucos anos, o centro do tráfego mundial. Viam-se naves de todas as partes do Mediterrâneo; nele se encontravam todos os produtos do Oriente e do Ocidente. Favorecida por este comércio, a atividade industrial de Atenas teve uma evolução brilhantíssima.*

Foi por esta época que Atenas viu chegar, oriundos da Ásia Menor, uma plêiade de homens extraordinários, artistas famosos como Protágoras, Diógenes da Apolônia, Tucídes, Sófocles, Aristófanes e muitos outros grandes talentos. A época de Péricles foi, indiscutivelmente, a de maior glória para Atenas. Os templos da acrópole tinham sido incendiados na época em que Xerxes havia capturado a grande cidade. Péricles dedicou-se à sua reconstrução, começando por ordenar a construção do templo de Zeus, que foi erguido no bosque sagrado de Olímpia e cujo término se deu por volta do ano de 460 a.C.. Construiu também o novo templo consagrado a Atena, a deusa da cidade. A obra foi executada por Ictinos um dos mais famosos arquitetos de Atenas. Esse templo que recebeu o nome de Partenon, superou a todos os que haviam sido construídos até então, quer pelas suas dimensões, quer pela sua beleza arquitetônica, cujas ruínas até hoje nos impressionam por sua grandiosidade.

Na cidade baixa, ao pé do Castelo, foi construído o templo consagrado a Hefaistos. Este templo permanece intacto até hoje. Em Elêusis foi reconstruído por completo o templo dos Mistérios. No cabo Sunion, extremidade meridional da Ática, construiu-se, também, nesta mesma época, o templo dedicado a Poseidon, cujas belas colunas ainda hoje contemplam uma larga vista do mar.

É desta época o artista plástico Fídias que esculpiu a colossal estátua de Zeus, para o templo de Olímpia e a não menos colossal estátua de Atena, para o Partenon. Esta estátua tinha o rosto e as outras partes nuas do corpo esculpidas em marfim e os panos e adornos eram de ouro.

Ainda desse tempo é o pintor Zêuxis de Heracléia, autor do famoso quadro de Helena de Tróia. Zêuxis foi o primeiro pintor que conseguiu, com seu pincel, reproduzir todo o esplendor da beleza feminina. Outro pintor famoso foi Parrásio de Éfeso, contemporâneo de Zêuxis, e autor do famoso quadro de Teseu, o herói da cidade. São também dessa mesma época famosos poetas como Simônides, Píndaro, Ésquilo e Sófocles que enriqueceram sobremodo a literatura ateniense.

Viviam os atenienses em meio de um grande

progresso, produzindo arte e praticando esportes. Seu maior interesse estava voltado para os certames de ginástica, festa esportiva que se repetia a cada quatro anos, celebrada em Olímpia. A olimpíada era considerada a grande festa nacional e nela tomavam parte atletas e espectadores de todas as partes do mundo grego. Havia ainda, se bem que menos famosos que os espetáculos de Olímpia, os certames musicais de Delfos.

Foi neste ambiente de grande prosperidade que Anaxágoras de Clazômenas viveu em Atenas até por volta de 433 a.C., quando foi obrigado a deixar a cidade para viver em Lâmpsaco, local onde fundou uma escola e, conforme já dissemos, veio a falecer em 428 a.C..

Como Péricles se mantivesse por longo tempo no governo, seus adversários começaram a perseguir seus amigos. Começaram por acusar Fídias de haver ficado com parte do ouro que devia ser empregado nas estátuas por ele esculpidas.

Esses inimigos de Péricles, chefiados por um tal Diópites, passaram a perseguir a Anaxágoras que, segundo eles, não acreditava nas coisas divinas e procurava enganar o povo explicando os fenômenos celestes em total desacordo com a crença da população. Anaxágoras foi acusado de incredulidade e de ensinar que o Sol nada mais era que uma pedra incandescente e que a Lua era terra. Para os atenienses, a acusação de impiedade era extremamente grave. Por isso, Péricles, temendo pela segurança de seu grande amigo e conselheiro, fê-lo sair de Atenas.

Como todos os outros pré-socráticos, também Anaxágoras tinha sua teoria sobre a formação do Universo. Para ele, houve uma época em que o que existia era uma mistura, conforme explica em um dos seus fragmentos que chegaram atém nós, o de número 4:

> *Antes das partes se separarem, enquanto tudo estava junto, não havia coisa alguma que se reconhecesse, nem uma só. Pois o impedia a mistura de todas essas coisas, do úmido e do seco, do quente e do frio, do brilhante e do escuro, além de que havia muita terra e uma quantidade infinita de sementes que em nada se assemelhavam umas às outras.*

É de ver-se que o filósofo se refere ao que existia antes da formação do Universo. Como os elementos existentes estivessem misturados, era impossível que se pudesse distinguir na mistura as partes que a constituíam.

A partir dos elementos constitutivos da tal mistura é que Anaxágoras iria explicar a sua teoria de formação das coisas existentes.

De início, nota-se que o filósofo investe contra os ensinamentos do eleata Zenão de Eléia, discípulo de Parmênides de Eléia.

Observa-se isto no fragmento nº 5, muito importante, porque, através dele, dá uma resposta direta aos ensinamentos de Zenão.

O fragmento do discípulo de Parmênides é o de nº 3. Diz ele:

> *Se existe uma pluralidade, é necessário que todas as coisas sejam tantas quantas são, nem mais nem menos.*

O fragmento de Anaxágoras que a esse se contrapõe é o de nº 5:

> *E quando essas coisas se separam é necessário reconhecer que todas não são nem menos nem mais (pois não é possível*

que sejam mais que todas as coisas) mas que todas as coisas permanecem sempre iguais.

Zenão critica a pluralidade e Anaxágoras devia conhecer o pensamento do eleata, daí por que, de maneira simples, mas clara, afirmou que a massa existente na mistura (substância primordial) será igual em todos os sentidos ao total do Universo que será formado por ela.

Apesar de discordar de Zenão, Anaxágoras, em certos tópicos, está plenamente de acordo com Parmênides, o maior dos eleatas.

Continuando a acompanhar as idéias de Anaxágoras, descobrimos que em um dos seus fragmentos, exatamente o de nº 1, ele afirma que, por ser a mistura infinita, é impossível que nela exista o vazio.

Mais adiante, concorda novamente com Parmênides ao afirmar (fragmento 17) que não existe nascimento ou morte. O que existe de fato é agregação e desagregação dos componentes da mistura.

Apesar de explicitar que a mistura original era de tal maneira feita que não se podia reconhecer coisa alguma, Anaxágoras nos surpreende com o fragmento 12, ao afirmar que existe na mistura original uma entidade, substância corpórea, totalmente diferente de todos os outros ingredientes que formam a mistura e lhe dá o nome de Espírito. O fragmento 12 é longo. Vamos tirar dele apenas a passagem que se refere ao que acabamos de explicitar:

O espírito é ilimitado e autônomo e não se mistura com coisa alguma, mas existe só, de per si. É a mais subtil e a mais pura de todas as coisas, e possui conhecimento completo de tudo e possui, também, o maior poder. E o espírito tem poder sobre tudo o que tem vida, seja maior ou menor.

Segundo os melhores autores, Anaxágoras nunca fala em divindade. Mas o que seria esse espírito que era ilimitado, autônomo, substância subtil, pura?

Desse modo, a formação do Universo, a partir dos elementos constitutivos da mistura e do espírito, está a lembrar-nos que tudo veio do caos.

Por aí se vê que Anaxágoras foi o primeiro filósofo a estabelecer que o princípio ordenador de todas as coisas não era o acaso, mas algo puro e simples difundido em todos os seres. Estabelecia, assim, diferenças entre as coisas que eram diferentes, as que eram semelhantes e as que estavam misturadas.

É bastante interessante o que ele diz sobre a multiplicidade da matéria dentro de sua unidade. A explicação dada por ele é que a unidade existe, uma vez que os corpos são formados por diminutíssimas partículas, absoluta e totalmente iguais. O que ocorre é que essas partículas mínimas se combinam de modos diferentes. A esses corpúsculos ele chama de **homeomerias**. Neles estão os germes de tudo o que existe, de tudo aquilo que compõe o Universo.

De princípio, as **homeomerias** estão juntas e totalmente inertes. O que faz com que elas entrem em atividade organizadora é o **nous**. Esse **nous** (alma) é o elemento racional que rege as associações e dissociações das **homeomerias.**

Daí se infere que o **nous** é o princípio da ordem, da individualização e da vida das coisas.

Não é fácil interpretar o pensamento de Anaxágoras, sobretudo se lhe quisermos reconstituir a doutrina no que tange ao desempenho das sementes na formação das coisas existentes. Vejamos o que ele diz em parte do fragmento nº 4:

Devemos supor que há muitas coisas de todos os tipos em cada coisa que se está unindo: sementes de todas as coisas, sob toda a classe de formas e cores.

Pelo que se pode depreender destas linhas, existe uma mistura originária na qual as sementes estão presentes e terão papel preponderante na formação das coisas que passarão a existir. Em cada coisa existe uma porção de todas as outras. Haverá uma espécie de balanceamento das sementes. Assim, as coisas existentes são formadas por um grupo de sementes, a partir de uma agregação que se dá entre elas e cada uma, além do seu elemento dominante, tem ingredientes que entram na formação de todas as outras coisas.

Pode-se ver que a concepção de Anaxágoras se parece com a de Leucipo e Demócrito que entenderam também que a substância formadora das coisas era constituída de um número infinito de corpúsculos que denominaram **átomos**.

O princípio lógico de Anaxágoras baseia-se no reconhecimento do **nous** como a essência simples e absoluta do Universo.

Em nosso pensar, esse filósofo foi o que conseguiu conceber, melhor do que todos os que o antecederam, algo que se poderia aceitar como uma aproximação da verdade para a formação do Universo,

De fato, o **nous** (alma) é a extraordinária descoberta de Anaxágoras, apesar de, por vezes, ele não se fazer entender claramente. Já Aristóteles (De anima, I, 2) afirma:

*Anaxágoras diz que a alma é o princípio do movimento. Contudo, nem sempre se exprime claramente acerca da alma e do **nous**, e, às vezes, parece distinguir o **nous** da alma; não obstante, emprega*

os dois conceitos como se encerrassem a mesma essência, estabelecendo preferentemente o ***nous*** *como o princípio de todas as coisas. Por isso, costuma falar do* ***nous*** *como causa do belo e do justo.*

Por outro lado, fica a dúvida sobre o pensamento de Anaxágoras, uma vez que, para alguns autores, em vez de alma o filósofo se referia a uma "mente suprema", isto é, mente superior, incorpórea e infinita. Para outros estudiosos, o filósofo não teria chegado a formular uma concepção espiritual da mente, por considerá-la formada de matéria muito sutil.

Bertrand Russell, filósofo do nosso tempo e por quem temos um grande respeito, é daqueles que pensa que Anaxágoras difere de seus predecessores naquilo que diz respeito à alma (nous) como substância que entra na composição das coisas vivas, distinguindo-as, assim, da matéria morta.

Esse modo de pensar de Bertrand Russell é baseado no fragmento 12, já anteriormente transcrito por nós.

Deve-se observar, como já antecipáramos, que em nenhum excerto de Anaxágoras se vê o filósofo designar o espírito (ou a alma) por divindade; entretanto, temos, de nós para nós, que a identificação é bem clara, não só pela maneira como se exprime mas, sobretudo, pelas características que lhe empresta. Ao cabo de contas, as várias características que ele atribui ao "Espírito" – ilimitado, autônomo, substância sutil e pura, o conhecimento e o poder máximos – são características que só se pode atribuir à divindade.

O prof. Battista Mondin diz que Anaxágoras é considerado por Aristóteles como **o único homem sensato entre tantos ébrios**. O veredicto parece justificado, na opinião de

Mondin, porque, com o **nous**, o filósofo supera, sem dificuldade, a insuficiência da explicação naturalista e abre novos horizontes para o pensamento grego, que entra, assim, na sua fase mais madura.

A verdade é uma só: o sistema criado por Anaxágoras é pluralista. Acima de tudo, ele busca mostrar que não existe incoerência na sua doutrina. Se a mistura que dá origem às coisas é formada por um número infinito de partículas, as coisas têm que se constituir na agregação de sementes em que tudo esteja presente. Claro está que o filósofo procura resolver o problema a fim de que não haja dúvidas. Daí a razão das afirmativas dele no fragmento 10:

> *Como poderia surgir cabelo do que não é cabelo e carne do que não é carne?*

Para nós, o problema levantado no fragmento 10 só pode ser resolvido por meio do engenhoso processo por ele criado.

Finalmente, Anaxágoras diz que o Universo se formou pela separação do espesso e do fino, do quente e do frio, do claro e do escuro e do seco e do úmido. Pode-se deduzir, pelo que está expresso em uma das partes do fragmento 12, que o ar e a névoa foram os primeiros a se separarem, sendo que a terra se teria formado a partir do espesso, englobando-se nessa formação o frio e o escuro. A parte exterior da terra ter-se-ia formado do fino, do quente e do molhado.

Aqui voltamos ao início do período racional, uma vez que Anaxágoras segue com as mesmas idéias já engendradas pelos filósofos de Mileto (Tales, Anaximandro e Anaxímenes). Para eles, o espesso ocupava o centro da Terra, enquanto o fino estaria no exterior e era o responsável pela existência dos astros.

O filho de Clazômenas foi o primeiro homem a afirmar que a lua não tem luz própria, e numa audácia notável para o seu tempo, afirmou que a lua refletia a luz do sol. Ensinou, ainda, que havia planícies na lua e que o sol era maior que o Peloponeso, e as estrelas eram verdadeiras pedras de fogo.

Seria bom se não nos esquecêssemos que, naqueles tempos, não havia instrumentos com que o homem pudesse perscrutar o Universo. Logo, essas concepções foram idealizadas somente pela observação e pela razão.

Para Anaxágoras, as plantas saíram de sementes que o ar espalhava e que caíam na terra juntamente com as chuvas.

Quanto aos irracionais, escreveu que nasceram da parte úmida da terra, sendo constituídos pela mistura de terra e água e, depois, preservaram as espécies, gerando-se uns aos outros.

Para terminar, vamos transcrever um fragmento de Anaxágoras, através do qual se verifica que ele acreditava houvesse outras terras, outros sistemas solares em grande quantidade no espaço. Anaxágoras acreditava na existência de outros mundos habitados.

> *Os homens e outras criaturas vivas também foram criados; e os seres humanos possuem cidades prósperas e campos cultivados, assim como nós; e a terra deles possui uma grande quantidade de culturas de vários gêneros, das quais as mais úteis eles levam para casa e utilizam. Apresentei esses fatos acerca da segregação (ou separação dos sistemas solares a partir dos infinitos grãos da matéria) a fim de provar que ela não só se realiza entre nós, mas também em outros lugares.*

A Educação Maçônica

Todo hábito ou capacidade é mantido e desenvolvido por suas atividades correspondentes: o hábito de caminhar nos faz caminhar melhor, a corrida regular transforma-nos em melhores corredores. O mesmo acontece com a nossa alma. Sempre que você se zanga ou fica com raiva, mais aumentam a sua zanga e sua raiva. Você intensifica um hábito e coloca lenha na fogueira. Se você não quer ter mau gênio, não alimente o hábito. Não contribua com aquilo que possa intensificá-lo. Procure acalmar-se assim que puder e verifique os dias em que você não se zangou. "Eu costumava ficar com raiva todos os dias. Agora fico um dia sim, outro não. Depois, de três em três ou de quatro em quatro dias." Com o passar do tempo, o hábito vai se enfraquecendo e acaba sendo substituído por reações mais sábias. (Epicteto, in "A Arte de Viver")

Se existe alguma coisa que apresente complexidade difícil de ser entendida, essa coisa é a conduta. Ela é realmente complexa. Já os filósofos tentaram, de todos os modos, reduzi-la intelectualmente a um só princípio, mas falharam.

Naturalmente que o problema da conduta está preso à ética e à moral.

Daí a razão por que se fala muito em educação maçônica. De início, deve-se frisar que esse tipo de educação não busca sistematizar fins que, por vezes, são julgados como se existissem apenas para satisfazer desejos ou reivindicar algo fora do direito.

Quando se fala em educação maçônica, entenda-se que não se deseja padronizar o modo de ser de cada Maçom; não, isto seria querer o impossível. Cada homem é inteiramente diferente dos outros. Portanto, seria impossível sonhar com uma padronização de conduta.

O que se deseja é que o Maçom abandone certos modos de ser da vida profana.

Cada um de nós tem o seu procedimento profano. O que se quer é abolir certos modos de proceder profano, incompatíveis com os princípios da Maçonaria.

Note-se que não existe no campo filosófico da Maçonaria uma escola moralista que se deixe impressionar com a universalidade na conduta de ações maçônicas, que poderiam manifestar-se na aprovação e desaprovação, no louvor e na censura.

É natural que tal escola moralista haveria de querer interferir na ética e na moral maçônicas. Ocorre que, em Maçonaria, nada pode ser imposto. Não existe ali a imposição do quero, posso e mando.

Quando nos referimos a certos modos de vida, estamos a nos referir aos hábitos que, depois de adquiridos são difíceis de serem extirpados.

O Maçom deve refletir sobre os objetivos que ele deve alcançar. E para que possamos alcançar nossos objetivos, como construtores sociais, temos que nos enquadrar em certos padrões não muito comuns àqueles que não foram iniciados.

O certo é que, quando a mudança é um tanto quanto grande e vem seguida de mudança de objetivos que, muitas vezes, se entrechocam, é absolutamente certo que não podemos limitar nossa reflexão à seleção de um único fim, entre um bom número deles, sugeridos pelas novas condições assumidas, quando existe o propósito real de mudança.

Deve-se, então, colocar o pensamento em ação a fim de que ele funcione criativamente para poder estabelecer novos objetivos.

John Dewey afirma que todo hábito introduz continuidade na atividade: fornece um fio ou eixo permanente.

Por isso, é difícil que nos desvencilhemos de velhos hábitos adquiridos. É fácil dar um exemplo. A pessoa que está habituada a cruzar as pernas ao sentar-se, em sendo Iniciada, vai sentir dificuldade em não as cruzar. Depois, com algum tempo de Maçonaria parece que desaprende e é difícil que venha a cruzá-las, novamente.

Devemos convencer-nos de que hábitos e impulsos geram conseqüências, muitas vezes, indesejadas, exatamente porque não conduzem à previsão do que pode acontecer.

O novo Maçom não deve sacrificar-se, querendo abolir, de imediato, velhos hábitos que, há muito, fazem parte de sua vida.

Podemos afirmar, pela idade que temos e pelos anos vividos como Maçom que o ato de deliberar quanto o de averiguar levam tempo para serem postos em prática; requerem demora, não sendo passíveis de ação imediata.

Só depois de algum tempo de freqüência à Loja, de observação e de estudo, é que se descobre que existe alguma coisa que deve ser mudada.

E pode ser que surja um pequeno conflito dentro do "eu". Ao usar a reflexão, quando feita a descoberta de algo que deve ser extirpado, é pesar os prós e os contras, antes de tomar qualquer decisão, mesmo porque, às vezes, são necessários alguns anos para que nos libertemos de alguns velhos hábitos.

Pode ser que surjam vacilações que nada mais são que fundamento para corroborar a teoria que sustenta ser certa, na vida moral, a luta inerente entre o querer e a razão. Contudo, quem filosofa sabe que nada pode afastá-lo do verdadeiro "fim" que a razão apresenta.

Já escrevemos e gostamos de repetir que o Maçom vive em duas sociedades: a profana e a maçônica. Para terminar este pequeno ensaio, nada melhor que lançar mão de um pequeno excerto de John Dewey, da obra "Vida e Educação".

> *Todas as idéias de oposição entre a sociedade e o indivíduo se originam de concepções isoladas e estáticas da sociedade ou do indivíduo. Se notarmos, porém, que não existe indivíduo sem sociedade, nem sociedade sem indivíduos, que uma e outra são produtos e fatores de uma situação única – vida social – e que essa situação por isso mesmo que é o resultado de uma constante interação de elementos diversos, é essencialmente móvel e dinâmica – para logo percebermos que não existe o problema do indivíduo versus sociedade.*

E este problema não existirá com a adaptação que o Maçom terá que fazer para acomodar-se como elemento que há de viver, ao mesmo tempo, em duas sociedades: a profana e a maçônica.

Fichte
O Filósofo Maçom

Já fomos cobrado, em público, mais de uma vez, por nada termos escrito sobre Fichte, o filósofo Maçom. Ocorre que nos dedicamos àqueles filósofos cuja doutrina interesse realmente à Arte Real. A simplicidade é uma das coisas que mais admiramos em quem escreve. Todos os biógrafos de Fichte o apontam como um grande filósofo. Nós não negamos isto. Apenas julgamos que o que ele ensina, filosoficamente falando, não vai interessar a ninguém, a não ser aos filósofos de nossa Ordem que devem compreender com grande facilidade os ensinamentos do filho de Rammenau. Já lemos, em revistas maçônicas, artigos sobre Fichte. Artigos bem lançados, que falam sobre ele, mais nada dizem sobre sua filosofia. Há até quem o chame de magnífico, talvez por ter ele sido Maçom e haver escrito o livro "Filosofia da Maçonaria". Buscamos coisas simples no mundo da filosofia, e se há Irmãos nossos capazes de entender Fichte, confessamos piamente: temos inveja deles. Aliás, Fichte afirma que para se estar seguro da validade do seu método na reflexão, não se precisará de mais nada. É bom que nossos leitores experimentem ler este capítulo até o fim e, quem sabe, fiquem entre os que podem entender o que seja a filosofia do eu e do não-eu. Mais uma vez, iremos ficar com inveja. Que não digam que nada escrevemos sobre Fichte.

∴

Johann Gottlieb Fichte nasceu em 1762 em Rammenau. Estudou nas universidades de Jena, de Witteberg e de Leipzig. Aos 22 anos formou-se em teologia. Foi professor universitário, tendo lecionado na Universidade de Jena, onde, em 1794, substituiu o filósofo Karl Reinhold (1758-1823), forte defensor das idéias de Kant. Em 1799, acusado de ateísmo, foi obrigado a se mudar de Jena, transferindo sua residência para Berlim, onde passou a lecionar na Faculdade de Filosofia.

A obra de Kant provocou um grande movimento de idéias, e isto se deu ainda quando ele era vivo, tendo-se intensificado depois de sua morte. Se a "Crítica da Razão Pura" agradou e desagradou a muita gente, a "Crítica da Razão Prática" deu ensejo a que alguns notáveis pensadores pudessem compor obras da mais alta significação. A ênfase dada por Kant à "Razão Prática", graças ao que se pode crer, tranqüilamente, na legitimidade de princípios morais e religiosos, abriu campo para que filósofos como Fichte e Hegel pudessem lograr êxito total em seus trabalhos, proporcionando grandes oportunidades de um conhecimento altamente questionável a muito e muitos de seus seguidores.

Essa legitimidade de princípios morais e religiosos não pode ser explicada pela "razão especulativa".

Foi exatamente esse posicionamento filosófico de Kant que inspirou e fez surgir a *metafísica mística* de Fichte.

Ao ler a "Crítica da Razão Prática", Fichte se encheu de entusiasmo pela formulação que Kant fizera da **autonomia moral**. Para ele, ali estava aberto o caminho que poderia palmilhar, fundamentando teoricamente aqueles anseios que possuía em prol do sentido exato do que era Liberdade.

Kant lhe dava oportunidade de construir um verdadeiro sistema de idealismo ético.

Pôs mãos à obra e buscou solução para as dualidades que restavam na obra de Kant: coisa-em-si e aparência, conteúdo e forma, inteligência e coração, razão pura e razão prática.

Fichte conjecturou que, para solucionar o problema das dualidades, devia-se buscar um princípio que estabelecesse a correta relação entre o sujeito e o objeto. Era certo que a solução não poderia ser resolvida "a menos que se encontrasse um ponto no qual o objetivo e o subjetivo não estivessem separados, mas fossem uno".

Naturalmente, que um tal ponto de onde se pudesse deduzir todo o saber, só poderia ser o EU.

Fichte escreveu um grande número de obras e, desde o início, o seu posicionamento filosófico foi um só: procurar provar por todos os meios ao seu alcance que a base de toda e qualquer filosofia válida é a Razão Moral.

É importante verificar que Fichte dava grande valor a tudo aquilo que fizeram os filósofos que o antecederam em prol do desenvolvimento filosófico. No prefácio da primeira edição de sua obra-prima, "Doutrina da Ciência" (o título completo desta obra é "Sobre o Conceito da Doutrina da Ciência" ou "Da assim Chamada Filosofia"), ele enfatiza o valor de seus antecessores, dizendo que não está em seu modo de pensar ignorar, com orgulho descabido, qualquer mérito que fosse o de querer diminuir o trabalho executado pelos filósofos das Escolas que o antecederam; acrescenta que acredita perceber que cada degrau que a ciência filosófica subiu tinha que ser galgado antes que pudesse passar para um degrau superior. Fichte diz mais que, na verdade, não considera mérito pessoal ter sido, por feliz acaso, chamado a complementar a obra de trabalhadores excelentes e acrescenta que sabe que todo o mérito que poderia haver na sua obra não repousa na sorte da descoberta, mas na lealdade da procura, que, quanto a esta, cada um é o único que pode julgar-se e recompensar-se; não diz isto em se referindo aos grandes pensadores, nem aos que lhes são semelhantes, mas para outros homens não tão grandes. Quem achar supérfluo que isto seja dito, não está entre aqueles para os quais é dito.

Respondendo a uns poucos que lhe criticaram a obra, usou da mordacidade socrática, no prefácio a que atrás nos referimos:

> *Além desses homens sérios, há também, ainda, homens brincalhões, que previnem os filósofos, aconselhando-os a não se tornarem ridículos, com expectativas exageradas quanto à sua ciência. Não quero decidir se todos riem do fundo do coração, por terem uma jovialidade inata, ou se não há alguns dentre eles que apenas forçam o riso, para desencorajar o pesquisador ingênuo de um empreendimento que, por razões compreensíveis, não vêem com bons olhos (malis rident alienis) (riem dos males alheios –* Horácio*).*

Já no prefácio da segunda edição, Fichte afirma que a "Doutrina da Ciência" é o único texto em que se filosofa sobre o próprio filosofar da doutrina da ciência, servindo, por esse motivo, de introdução a esse sistema.

Sem dúvida alguma Fichte procurou salvar o valor da metafísica, afirmando que esse ramo da filosofia não deve ser uma doutrina das pretensas coisas em si, "mas uma dedução genética daquilo que aparece em nossa consciência".

Em se referindo ao trabalho de Kant, Fichte afirma que a metafísica é explicada na crítica. Para ele, a crítica, isto é, a verdadeira crítica, a crítica no seu sentido exato, critica o pensamento filosófico e que se a filosofia também for chamada de crítica, só se poderia afirmar, sem tergiversação, que ela critica o pensamento natural. E Fichte não deixa por menos, avança a afirmação de que a crítica pura – a *kantiana*, por exemplo, que anunciava como Crítica, não é nada pura, mas é em grande parte que propriamente metafísica: critica ora o pensamento filosófico, ora o pensamento natural.

Aqui, precisamos abrir um parêntese para dizer que Fichte se engana. Ele fala em crítica pura. Kant não se refere à crítica quando usa a palavra pura. Kant usa o adjetivo para qualificar o substantivo razão. Para o grande filósofo alemão a razão é pura quando ainda não recebeu os impactos experimentais fornecidos pelos sentidos.

Com deduções no mais das vezes claras e que podemos julgar lógicas, Fichte, no prefácio da segunda edição da obra a que atrás nos referimos, defende, com rara sutileza, o ramo talvez mais frondoso da filosofia – a metafísica.

A verdade é que Fichte angariou grande popularidade e tornou-se famoso. Muito mais que sua filosofia, o que concorreu realmente para que adquirisse fama foram suas oportunas e bem lançadas exortações de ordem eminentemente política. É oportuno registrar que, nesse particular, ele se expressava com vigor incomum e com todas as qualidades de um extraordinário comunicador, capaz de convencer e empolgar multidões.

Logo no início de sua carreira como escritor, lançou-se, de corpo e alma, brilhante e veementemente, na luta pela liberdade de pensamento. Neste ponto, como em muitos outros, estava sendo coerente com o seu conceito filosófico de que liberdade era necessária à Lei Moral. Por outra parte, não teve receio de criticar, até com certa veemência, como era de seu feitio, o intuicionismo estético de Schiller (1759-1805), que pregava que a Razão podia ser tida como importante, mas não como o único e necessário fundamento das tomadas de posição ante os vários problemas que o mundo enfrentava.

Como o nosso real interesse, neste trabalho, é mostrar alguma coisa da filosofia de Fichte, comecemos pela primeira parte de "A Doutrina da Ciência". Ele a inicia dizendo:

> *Temos de procurar o princípio absolutamente primeiro, pura e simplesmente incondicionado, de todo saber humano. Esse princípio, que deve ser absolutamente primeiro, não se deixa provar nem determinar.*
>
> *Ele deve exprimir aquele estado-de-ação, que não aparece nem pode aparecer entre as determinações empíricas de nossa consciência, mas que, muito pelo contrário, está no fundamento de toda consciência e é o único que a torna possível. Na exposição, nesse estado-de-ação é menos de se recear que não seja pensado o que deve ser pensado – disso já cuidou a natureza de nosso espírito – do que, que seja pensado o que não deve ser pensado. Isso torna necessária*

uma reflexão sobre aquilo que se poderia a princípio tomar por ele e uma abstração de tudo o que não lhe pertence efetivamente.

O princípio fundamental do sistema fichteano é o ato pelo qual se afirma o EU.

Descartes já tratara do tema. Entretanto, há uma diferença notória a separar o pensamento dos dois filósofos. Para o filósofo francês, o *cogito* prova a existência, enquanto que, para Fichte, o *pensar* revela uma atividade, se quiserem, um poder, ou, ainda, uma capacidade de criação.

Fichte afirma categoricamente que o EU não deve ser considerado como mero sujeito, como foi considerado até agora, quase sem exceção, mas como sujeito-objeto. Sabiamente, ele propõe que se faça a reflexão a partir de uma proposição qualquer, contanto seja ela aceita por qualquer pessoa sem contestação. Diz que poderia até haver várias dessas proposições, pois a reflexão é livre, não importando o ponto de onde ela parta.

Acompanhemos o seu raciocínio:

> *A é A (tanto quanto A=A, pois essa é a significação da cópula lógica) é aceita por todos e aliás, sem a mínima hesitação; é reconhecida completamente certa e estipulada. Se, porém, alguém exigisse uma prova dela, ninguém se aplicaria a uma tal prova e sim afirmaria que essa proposição é certa,* ***pura e simplesmente,*** *isto é,* ***sem nenhum outro fundamento;*** *e ao fazê-lo, sem dúvida com o assentimento geral, está conferindo a si a faculdade de pôr algo pura e simplesmente.*

Por aí se deduz que o primeiro princípio constitutivo do EU é uma versão metafísica do princípio da identidade lógica, segundo a qual A é igual a A.

Deixemos que Fichte continue o seu raciocínio:

> *Põe-se pela afirmação de que a proposição acima é certa em si, não que* A *seja. A proposição* A *é* A *não é de modo nenhum equivalente a* A *ou há um* A. *(Ser, posto sem predicado, exprime algo inteiramente outro do que Ser com um predicado...). Suponha-se que* A *signifique o espaço incluído por duas linhas retas, mesmo assim aquela proposição permanece sempre correta, não obstante o fato de que a proposição* A *é ou seria manifestamente falsa. Mas, põe-se: se* A *é, então* A *é. Por conseguinte, a questão não é, de modo nenhum, se* A *é ou não. Não é questão do conteúdo da proposição, mas meramente de sua forma, não daquilo de que sabe algo, mas daquilo que se sabe de um objeto qualquer, seja ele qual for.*
>
> *Por conseguinte, pela afirmação de que a proposição acima é pura e simplesmente certa, é fixado isto: que entre aquele* se *e este* então *há uma conexão necessária; e a conexão necessária entre ambos é o que é posto pura e simplesmente e sem nenhum fundamento. Por enquanto denominarei essa conexão necessária –* X.

Um dos exegetas de Fichte comenta que assim como primeiro princípio constitutivo do EU encontrado a partir de um princípio lógico (o da identidade), o segundo também é encontrado pelo filósofo através da análise do pensamento lógico.

Ao cabo de contas, em lógica, os juízos podem ser **inclusivo** (uma coisa é X) e exclusivo (aquela coisa não é X). Dessa dualidade decorre o segundo princípio da doutrina fichteana da ciência e da estrutura do EU: ao Eu, um não-eu é absolutamente oposto.

Quanto ao próprio A, porém, se ele é ou não, nada está posto ainda por afirmação. Surge, pois, a pergunta: sob que condição, então, A é? O próprio filósofo responde a essa indagação:

> *Se é como* A *está posto, em geral, não sabemos; mas já que* X *deve designar uma conexão entre um* pôr *desconhecido de* A *e um* pôr *absoluto do mesmo* A, *sob a condição daquele* pôr, *então*, ao menos na medida em que aquela conexão é posta. A *está posto no* Eu *e pelo* EU, *assim como* X; X *só é possível em referência a um* A; *ora,* X *está efetivamente posto no* EU; *por conseguinte, também* A *tem de estar posto no* EU, *na medida em que* X *é referido a ele.*

Toda essa configuração, diríamos algébrica, é usada por Fichte que, partindo do absoluto, procura, como diz Morente, realizar a intuição intelectual do absoluto, sob a espécie do EU.

Sem dúvida alguma, é preciso que se esteja usando o filosofar com mão diurna e noturna para perceber até onde Fichte quer chegar. Mais adiante, de maneira um tanto quanto nebulosa, o filósofo faz o estudo do NÃO-EU. A verdade é que se fica pensando no SER e NÃO-SER do Parmênides de Eléia. Vejamos como ele se expressa:

> *1) Na medida em que o não-eu está posto, o eu não está posto; pois pelo não-eu o eu é totalmente suprimido. Ora, o não-eu está posto no eu, pois está oposto. Por conseguinte, o eu não está posto no eu, na medida em que nele está posto o não-eu.*
>
> *2) Mas o não-eu só pode ser posto na medida em que no eu (na consciência idêntica) está posto um eu, a que ele possa*

ser oposto. Ora, o não-eu deve ser posto na consciência idêntica. Por conseguinte, nessa consciência, na medida em que o não-eu deve estar posto, deve também estar posto o eu.

Fichte parte, através de várias proposições, para a *fundação do saber teórico*. Começa por estabelecer três princípios que denomina de lógicos: o de identidade, que funda todos os demais; e, em seguida, os dois que se fundem mutuamente naquele, o de oposição e o de razão. Os dois últimos são os que tornam possível a existência do método sintético em geral. Afirma, ainda, que para que se esteja seguro da validade formal do seu método na reflexão, não se precisará de mais nada. Afirma que do mesmo, na primeira ação sintética, a síntese fundamental (a do eu e do não-eu) foi estabelecido um conteúdo para todas as possíveis sínteses futuras, e também desse lado não se haverá de precisar de nada mais. Daquela síntese fundamental tem-se que deixar desenvolver tudo o que deve pertencer ao domínio da doutrina da ciência.

Fichte afirma categoricamente que o "eu é finito, pura e simplesmente porque é finito".

Porventura, perguntamos nós, existe alguma coisa, fora DEUS, que não seja finita?

Finalmente, ele ensina que, em cada pessoa, o EU FINITO se caracteriza pela constante aspiração do exercício de uma atividade livre, ilimitada nas relações com as coisas da natureza e as outras pessoas. Tal necessidade fica a exigir sempre novos esforços, uma vez que o EU FINITO nunca se sente inteiramente realizado e quer fazer mais e mais. Ninguém vive para o SER, mas para o DEVER-SER, tal como no-lo aponta a Lei Moral.

Inteligência – Razão

Na 3ª Instrução do Ritual de Aprendiz Maçom, a certa altura, o Venerável Mestre estala a seguinte pergunta:

... Essa faculdade, a que chamais Inteligência, é independente de nossa organização física?

O 1º Vigilante diz que ignora, isto é, ele não sabe se a inteligência é ou não independente de nossa organização física.

A pergunta feita pelo governante da Loja é uma maneira de fazer com que o Maçom estudioso, em ficando com a dúvida, parta para a busca, para a pesquisa, a fim de poder tomar um maior conhecimento da matéria.

Se tomarmos como ponto de partida a palavra **inteligência**, ver-nos-emos diante de problema sério, pois dificilmente ela poderá ser explicada por si só. Inclusive, os dicionários maçônicos não trazem o vocábulo. Pois bem, poderíamos responder, dizendo que inteligência é qualidade própria do ser humano. A resposta seria suficiente para o leitor? Para nós, não!

Para que se possa fazer um estudo um pouco mais aprofundado, deve-se trocar o termo inteligência pela palavra **razão**.

E tem mais: para que haja maior compreensão do assunto, partiremos da razão para argúcia, para imaginação e para memória. Pensamos que, dessa forma, ofereceremos matéria para que o Maçom estudioso possa fazer um estudo de maior profundidade.

Naturalmente, que nosso estudo todo se baseia no emaranhado da teia filosófica. Não somos especializado no assunto, nem temos a pretensão de esgotá-lo. Deve haver, inclusive entre os Maçons, alguém que possa oferecer ensinamentos muito mais completos do que as linhas que lhes iremos apresentar. Já que ninguém se dispôs a fazer, façamo-lo nós.

RAZÃO

Não é do nosso interesse filosofar em torno dos dotes peculiares ao ser humano. Interessa-nos, isto sim, lembrar aqui alguns aspectos desses dotes, por vezes esquecidos e por vezes ignorados. Todavia, a matéria é complexa e há certas explicações que se fundamentam, obrigatoriamente, em alicerces de princípios filosóficos.

Antes de tudo, lembremo-nos que o "homo sapiens" é diferente de outros seres exatamente porque é dotado de RAZÃO: "Homo ratio".

Mas, e o que é Razão?

Quando se abre um bom dicionário e procura-se entender a definição que lá está, conclui-se que Razão (do lat. ratio-rationis) é a faculdade espiritual do homem, por meio da qual ele pode conhecer e julgar.

Isto significa que o homem é capaz de apreender e de aprender; é capaz de pensar e de raciocinar; é capaz, sobretudo, de discernir.

Discernimento é a lucidez do espírito; é a visualização do imaterial, do invisível, do abstrato, do complexo, do incomplexo, do impalpável; é a capacidade gnosiológica de distinguir entre o ser e o não-ser.

O discernimento, no contexto racional, é tão importante que chega a ser, segundo Aristóteles, sinal claro de maturidade humana.

Estaria completa a definição sobre Razão? Que definição? O que se tem acima é uma simples explicação do que seja Razão. Razão, em si, é algo indefinível. Para que se pudesse definir Razão, seria necessário que se arranjasse uma definição para Espírito. Mas isto é impossível.

Para melhor compreensão do tema temos que procurar auxílio no jardim da filosofia.

A fórmula básica do sistema filosófico de Hegel é que **todo racional é real** e **todo real é racional**. À primeira vista parece que a fórmula de Hegel apresenta um sentido imediato, inteligível que é a identificação do racional com o real. Porém, apesar desse aparente sentido, poderemos confiar na fórmula de Hegel sem antes vivê-la? Sem antes estudá-la a fundo? Sem antes indagarmos dos prós e dos contras? Assim como não podemos aceitar a fórmula de Hegel, só porque foi Hegel, o grande filósofo quem a produziu, também não podemos aceitar as fáceis e ocas definições que por aí andam sobre Razão. Conforme muito bem assinala Garcia Morente, há o saber que todos temos sem ter aprendido nem refletido sobre nada; e há outro saber, que é o que adquirimos quando o procuramos.

Para o Maçom, o que vale realmente não é definir a Razão, o que vale, é saber usá-la.

Se soubermos usar a Razão convenientemente, através

do discernimento adquiriremos a capacidade de perceber a configuração dos seres, e estabelecer a espessura dos valores e distinguir as fronteiras que separam o justo do injusto.

O que podemos medrosamente afirmar é que a Razão é a inteligência humana considerada na sua faculdade de se elevar até a concepção do infinito e do absoluto.

ARGÚCIA

Quando se fala em **argúcia**, quando se diz que alguém é arguto, há quem decodifique o termo pejorativamente. Ledo engano. Argúcia não é astúcia.

Pelo contrário, argúcia é agudeza de espírito, é sutileza de raciocínio, é finura, é perspicácia, é sagacidade no bom sentido.

É qualidade altamente benéfica para o indivíduo, exerça ele o ofício que exercer. Na expressão verbal, a argúcia é de grande valia, pois ajuda-nos a penetrar os problemas que nos são propostos e analisá-los, de pronto, por todos os ângulos.

Argúcia é qualidade que pode ser aumentada através de exercícios, sobretudo de discussões e debates bem organizados e dirigidos. A argúcia é evolutiva. É um dom comunicado pela natureza, mas é também uma conquista cotidiana da boa vontade pessoal.

IMAGINAÇÃO

Se, pela argúcia, penetramos os problemas que nos são propostos e seremos capazes de analisá-los por todos os ângulos, pela **imaginação** podemos com facilidade resolvê-los, concretizá-los.

Que é, pois, **imaginação**?

A semântica nos ensina que imaginação é a faculdade de representar os objetos pelo pensamento.

Contudo, imaginação é muito mais que isso. Imaginação é criação, é concepção, é invenção, é idealização, é fantasia.

É através da imaginação que o homem cria.

Que é imaginar? Imaginar é criar ou conceber na imaginação. A imaginação é, portanto, valioso auxiliar da inteligência.

A imaginação está ligada à memória, não se confunde com ela, é claro, pois são duas faculdades diferentes. São diferentes, mas se completam: a memória traz os dados à tona, a memória evoca, focaliza na tela do pensamento os fatos idos e vividos; a imaginação serve-se desse trabalho da memória e descobre, inventa, cria, compõe coisas novas, seres novos, enriquecendo a ciência e a arte; sobretudo, a arte.

Alguém, não nos lembramos quem, já disse que "as grandes criações da humanidade têm suas raízes na imaginação".

Valendo-se da imaginação Homero criou a Ilíada e a Odisséia; Virgílio compôs a Eneida; Camões, os Lusíadas; Castro Alves, o Navio Negreiro; Carlos Gomes, o Guarani; Rossini, o Barbeiro de Sevilha; Puccini, Madame Butterfly; Cervantes, o Dom Quixote. A imaginação fez com que Aleijadinho nos legasse as maravilhosas esculturas que enriquecem a estética barroca brasileira. Pela imaginação, os Operativos criaram construções fantásticas e monumentais; os pintores, telas imortais.

Não é de admirar, portanto, que toda a vida humana esteja impregnada de imaginação. A mitologia com seus centauros, fadas, sereias, faunos, seria impossível sem a imaginação humana.

Não nos esqueçamos, porém, do que foi dito atrás: a imaginação é um auxiliar da inteligência. Sim, quem distingue entre o belo e o feio, o certo e o errado que a imaginação compõe é a inteligência.

A inteligência em si não é mensurável, é inextensa, razão por que ela nunca se identifica com a imaginação cujo objeto é, por natureza, mensurável.

MEMÓRIA

A **memória** é uma das mais notáveis faculdades de que se pode o homem valer. É através dela que retemos idéias ou noções adquiridas. A memória se situa em vários departamentos do nosso cérebro. É como que um fichário onde se anotam dados de todos os matizes, durante a vida.

Vale-se o homem de vários auxiliares da memória, que chegaríamos a chamar de memórias secundárias: visual, auditiva, olfativa, gustativa e táctil.

É de ver-se que a memória grava e conserva os dados coletados. Uma das coisas mais importantes no seu funcionamento (na coleta e retenção de dados) é o interesse do indivíduo pelo objeto, pelo assunto que ele deve memorizar.

É o mesmo caso da aprendizagem: o interesse, a vontade de aprender, é a exigência primeira para que se aprenda alguma coisa.

É bom nos lembremos que, se a memória guarda os dados nela gravados, entretanto, nem tudo é conservado com a mesma tenacidade. Há dados que são guardados na memória por alguns dias, quando muito, alguns meses;

outros são retidos durante anos e existem os que são caprichosamente conservados durante a vida inteira.

O importante é que temos a maravilhosa capacidade de evocar os dados arquivados em nossa memória.

Também, aí, a coisa não acontece sempre do mesmo modo. Há dados que evocamos a hora que queremos. São os que estão arquivados nos "armários" do **consciente**; se, contudo, estiverem na memória do **subconsciente**, não será tão fácil a sua evocação: tentamos lembrar... precisamos lembrar... não conseguimos. De repente, quando não mais necessitamos deles, eis que afloram limpos e cristalinos, sem que tenhamos feito qualquer esforço para trazê-los à tona.

Finalmente, existem os dados que estão armazenados nos "armários" do **inconsciente**, que não serão jamais evocados por nós, a não ser que estejamos em estado de hipnose.

Segundo os melhores estudiosos do assunto, a memória tem a seguinte classificação: se fixa bem os dados coletados, diz-se que ela é **fácil**; quando os conserva bem, é **tenaz**; se os evoca rapidamente, é **expedita**; quando os identifica com perfeição, é **fiel** e se os localiza corretamente, é **exata**.

A memória varia de pessoa para pessoa. Ela aumenta ou diminui a capacidade de coletar e guardar dados, de acordo com o trabalho que lhe dermos. Se quisermos ter boa memória, devemos ocupá-la sempre; do contrário, tornar-se-á preguiçosa, de pouca valia.

Com o aumento da idade, na velhice, a tendência é seu enfraquecimento.

A perda total ou parcial da memória recebe o nome de **amnésia**; o enfraquecimento é a **dismnésia**. Existe ainda a **hipermnésia** que é a excitação anormal da memória. Neste caso, é possível que aflorem até mesmo elementos arquivados no inconsciente.

A Maçonaria não é Estática*

Muitos dos nossos Irmãos talvez não tenham ainda descoberto os motivos que nos têm levado a escrever artigos e livros, procurando mostrar que a filosofia é o alicerce, sobre o qual se levanta toda a estrutura da doutrina maçônica.

É certo que houve e continua a haver (talvez mais hoje do que ontem) sobejas razões para esta nossa luta que dura já algumas dezenas de anos.

Muitos afirmam, e com razão, ser a Maçonaria uma universidade, universidade que é chamada por Octacílio Schüler Sobrinho de Escola do Conhecimento.

Ora, se nossa Instituição é uma Escola do Conhecimento, então é necessário que as Lojas funcionem como verdadeiros currículos escolares que vão desde o curso primário até o curso superior.

Que queremos dizer com isto?

Queremos dizer que não basta efetuar estudos que apenas funcionem como um verniz que tivesse a função de embelezar a cultura e, às vezes, enganar os mais distraídos.

---

* Síntese da palestra pronunciada em outubro de 2003, em Blumenau, por ocasião da realização do 1º CONGRESSO DA MAÇONARIA CATARINENSE, realizado pelo Grande Oriente de Santa Catarina, cujo Grão-Mestre, Irmão Octacilio Schüler Sobrinho, coordenou todos os trabalhos durante os três dias de duração do evento. Tema do Congresso: O DESAFIO DAS MUDANÇAS. Inserimos aqui esse nosso Trabalho em homenagem à extraordinária Maçonaria Catarinense. RR.

Também, não basta apenas buscar este ou aquele sentido nas alegorias ou fazer a exegese dos instrumentos de trabalho, referentes a cada Grau.

É imperioso que nos conscientizemos de que é preciso ir mais longe, muito mais longe.

Mister se faz que, após o primário e o secundário, partamos para o curso superior. E esse curso superior terá, como matéria principal, a filosofia.

E alguém há de querer saber se existem obras para tal estudo, ao alcance do Maçom brasileiro.

Nós respondemos que não precisamos, sequer, sair de Santa Catarina para encontrarmos livros que nos levarão a conhecimentos tais, que poderemos chegar ao "doutorado" maçônico.

Quantos dos que aqui estão já leram a obra intitulada "Maçonaria – Introdução aos Fundamentos Sociológicos"?

Livro escrito em estilo leve, rico de ensinamentos, se lido e relido por alguém que tenha o firme propósito de crescer culturalmente, lhe proporcionará conhecimentos de grande extensão, fazendo com que o leitor entenda e saiba coisas com que jamais sonhou. Livro meticulosamente escrito para Maçons.

E o autor está aqui, é nosso Irmão de Maçonaria e vosso conterrâneo: Octacílio Schüler Sobrinho. E não se pense, e não se diga que estou jogando confete em nosso Grão-Mestre. Já estamos naquela idade em que tal procedimento é insuportável. Além do que, se detestamos apontar defeitos de alguém, temos verdadeira paixão em apontar virtudes de nossos Irmãos, sobretudo virtudes intelectuais.

Ao cabo de contas, temos razões de sobejo para apontar o livro do Irmão Octacílio Schüler Sobrinho porque –

quem sabe? – alguém que o não tenha lido, sinta agora vontade de fazê-lo...

Vamos transcrever um trecho do livro para que os Irmãos sintam a força persuasória da filosofia:

> *A maneira litúrgica das probabilidades e das improbabilidades, das formas e das ordens, foi concebida pela Maçonaria através de seu fulcro evolucionista, tanto físico como cognitivo, pois no período operativo se pautou em construir edifícios físicos – templos, grandes catedrais, teatros, mosteiros, palácios, etc. – onde os pedreiros e arquitetos, tanto mestres, como alunos, em aprendizagem constante, mudavam de estilo e melhoravam a estética; construir edifícios metafísicos, no atual período especulativo, pela reiniciação e busca da verdade, de modo seqüente, tendo como linha basilar o simbolismo, ou seja, construir templos virtuosos dentro dos corações.*

Sabe-se que a Maçonaria se volta inteiramente para o homem. Se isto é verdade não há como fugir: é preciso que o Maçom se dedique ao estudo da filosofia.

Nós mesmo já escrevemos em algum dos nossos livros que a filosofia se constitui de três momentos: do **ser**, do **conhecimento**, da **linguagem**.

Por aí, pode-se aquilatar da importância do **ser**. Sem o ser, não existiria o conhecimento, não existiria a linguagem. E é preciso que não se perca de vista que o problema do ser se consubstancia no problema do pensar.

Para que se busque o ser, é necessário pensar. E pensar significa, sem dúvida alguma, conhecer.

A filosofia é absolutamente necessária, quer nas pradarias fascinantes da Maçonaria, quer em qualquer outro campo da cultura em geral.

Além de tudo, é preciso que se tenha sempre debaixo dos olhos que o homem é o centro de qualquer idéia. Conforme já foi dito, o que interessa à Maçonaria é o homem e é impossível querer estudá-lo, querer esmiuçar-lhe a alma a não ser por intermédio da filosofia.

O certo é que, de forma geral, em voltando nossos olhos para a Maçonaria brasileira, sente-se que está faltando alguma coisa. Falta ao Maçom brasileiro – Deus queira que estejamos enganado – um pouco mais de aplicação ao estudo.

É nossa visão que, neste terceiro milênio, temos que nos desdobrar em busca de novos conhecimentos, pois esta é a exigência maior da Sublime Instituição, a fim de que ela possa continuar a enfrentar as ondas de perseguições, ser a grande esperança de melhoria para a humanidade, a fim de que todos nós, Maçons, possamos ser considerados como verdadeiros construtores sociais.

Além do mais, é mister que se saiba que nossa sublime Instituição não é estática, ela não pode parar no tempo, é preciso evoluir, é necessário que os Maçons entendam que estamos no século XXI. Algumas mudanças precisam ser feitas, se não na doutrina, mas nos modos de agir. E quando nós lutamos em prol da filosofia, estamos tentando abrir novos caminhos a fim de que nossos Irmãos entendam que estes são alguns dos caminhos da evolução, em prol de uma Maçonaria moderna, atuante, digna dos esforços que por ela fizeram milhares de grandes Maçons.

Feliz do Maçom, meus queridos Irmãos, que, pela fé no futuro da sublime Instituição, faz como está fazendo o Grande Oriente de Santa Catarina que trabalha, e sua, e luta, e "sofre", antecipando o devir, e acreditando em vós, que sois a Maçonaria do presente.

As Maravilhosas Nuances do Rito Escocês Antigo e Aceito

Quando começamos a estudar aquilo que, em nosso pensar, devia ser de fato estudado para que pudéssemos ter um conhecimento tanto quanto exato da Maçonaria, a primeira coisa que nos chamou a atenção foi a existência dos vários Ritos que compõem a liturgia maçônica. Logo, chegamos à conclusão de que os Ritos todos têm uma só e mesma finalidade: são caminhos que, embora diferentes, levam ao mesmo ponto de chegada.

Fomos Iniciado no Rito Escocês Antigo e Aceito e quanto mais antigo ficamos na sua prática, mais fascinado nos sentimos.

Temos, em nossa biblioteca, algumas obras que estudam o Rito Escocês a fundo. As que mais nos agradam são aquelas da lavra de José Castellani ("O Rito Escocês Antigo e Aceito") e a de Luis Umbert Santos ("Historia del Rito Escoces Antiguo y Aceptado").

O livro de Castellani, já em 2ª edição de "A TROLHA",

é completo. O que se nota é que o grande escritor sente pelo Escocês a mesma admiração que nos enche a alma. Quer nos parecer que Castellani, ciente da riqueza extraordinária do Rito, medroso de que alguém viesse a julgá-lo de maneira errônea, já na Introdução do livro procura mostrar que tudo o que escrever sobre o escocesismo será a verdade, nada mais que a verdade.

Vejamos as linhas finais da "Introdução":

> *Embora o autor considere o Rito Escocês Antigo e Aceito, um dos mais praticados no mundo, aquele de mais rica simbologia e mais amplo conteúdo ritualístico, esta não é, de maneira alguma, uma obra laudatória, mas, sim, de pesquisa imparcial, atendo-se, única e exclusivamente, à realidade, seja ela boa ou má.*

Mestre Castellani sabe que, em matéria de riqueza simbólica, nada se compara ao Rito que ele iria apresentar de corpo inteiro, através de sua obra.

Naturalmente, que para estudar pelo menos os principais Ritos em uso no Brasil, temos nos valido dos magníficos Trabalhos que o Irmão Joaquim da Silva Pires (talvez o mais competente conhecedor dos Ritos Maçônicos) apresenta, há anos, nas edições mensais de "A TROLHA".

Também estamos sempre atento aos ensinamentos desse jovem Maçom, peregrina inteligência maçônica da baixada santista, Mauro Pinto, que se tem dedicado ao estudo dos Ritos e que tem pronunciado excelentes palestras sobre o assunto.

O Rito Escocês tem provocado uma série enorme de polêmicas, a começar pelo nome.

A diferença do Rito Escocês com relação aos outros Ritos começa pela Origem. Os Ritos, normalmente, têm suas origens estabelecidas em lugares certos, ao passo que o Escocês apresenta uma singularidade interessante: apesar do nome, sua origem é francesa e, assim mesmo, apesar das pesquisas dos estudiosos, há dúvidas quanto à sua origem política, em território francês, o que tem provocado sérias discussões.

O próprio Castellani, com todo o peso do seu saber, e com sua honestidade de escritor, não nos dá sua própria opinião, preferindo apontar a opinião de Alec Mellor. Vejamos o que ele escreveu:

> *Quem melhor definiu, todavia, o escocesismo foi Alec Mellor, em "La Franc-Maçonnerie à l'heure du choix". Para o autor, o Rito Escocês é a Franco-Maçonaria atípica (excepcional, que não segue um determinado tipo), pois não é, no sentido administrativo, uma Obediência, mas, antes, um corpo de Obediências, que concebem a Arte Real de uma maneira que lhe é muito própria, podendo-se dizer que ele representa* ***uma Ordem no interior da Ordem****. De acordo com essa concepção, o Rito Escocês seria uma confederação de Obediências, com uma ritualística comum, pelo menos em suas partes essenciais.*

Ao ser criado na França, por volta de 1649, foi a primeira manifestação maçônica naquele país.

Pode-se estudar o Rito Escocês Antigo e Aceito por vários ângulos, uma vez que sua riqueza simbólica é grande e sua ritualística apresenta características muito interessantes. É o mais usado no Brasil. Apesar das "cunhas" nele embutidas, apesar das invenções que se encontram espalhadas por aí (tem-se a impressão que cada Loja tem alguma coisa que as outras não têm), nem por isso perde sua extraordinária beleza.

Por falar em "cunhas", pensamos que algumas delas deram mais substância, mais intensidade ao Rito. A Instalação, por exemplo, copiada de outro Rito; não compreenderíamos o Escocês sem essa "cunha" que, diga-se de passagem, o enriquece realmente.

De início, queremos abordar um dos aspectos mais interessantes do Rito e que, às vezes, é colocado de lado, não sabemos por que razões. Para começar, temos que procurar saber se existe ou não o misticismo maçônico. Misticismo, podemos dizer, é aquela inclinação que o homem tem de buscar um ente superior.

Primeiramente, vamos procurar responder a pergunta sobre o que seja **misticismo**, palavra derivada do grego: **mystikos**.

Nos dias atuais, além dos poucos significados que os dicionários nos dão (devoção contemplativa; crença religiosa; crença filosófica ou religiosa que admite comunicação entre o homem e a divindade), o vocábulo engloba significações diferentes, dependendo do ângulo em que o queiramos analisar. O misticismo existe desde que o homem começou a existir. Notamos a existência de místicos nas religiões, em seitas, em instituições não religiosas, como é o caso da Maçonaria.

O misticismo chega a ser perigoso nos campos das religiões, porque pode levar o indivíduo à indesejada superstição.

Apesar da Maçonaria ser uma entidade fundamentalmente racional, porque filosófica, há nela uns laivos de misticismo. Tal fato não nos causa admiração alguma, uma vez que a Maçonaria antiga, chamada Operativa, era católica.

É bom seja dito que a Maçonaria, mesmo não sendo uma Ordem mística, utiliza em sua liturgia, em seus Rituais, na sua simbologia, na sua estrutura filosófica e doutrinária, conforme salienta Castellani, padrões místicos de diversas seitas, associações e civilizações antigas.

Entretanto, devemos dizer que na Maçonaria a razão sobrepuja, e muito, o misticismo.

Leiamos o que escreveu Castellani:

> *Embora não seja, em sua atuação, uma Ordem Mística, a Maçonaria aproveitou muito do misticismo das antigas civilizações e do período medieval, para armar sua doutrina moral.*

Por falar em misticismo, não podemos olvidar que estamos diante de um Rito Teísta. Para alcançar o porquê dessa situação, precisamos voltar um pouco no tempo.

Analisemos a coisa com cuidado.

Fundada a Grande Loja de Londres, em 1717, sua Constituição fica pronta por volta de 1721 e, após ter sido estudada e aprovada, é publicada em 1723.

De todos os itens formadores da lei básica, o primeiro é aquele que contém matéria para algumas digressões filosóficas. Esse primeiro item está inteiramente voltado para Deus e para a religião. O texto é o seguinte:

> *O Maçom está obrigado, por seu título, a praticar a moral; e se compreender seus deveres, jamais se converterá em um estúpido ateu nem em irreligioso libertino. Apesar de, nos tempos antigos, os Maçons estarem obrigados a praticar, em cada país, a religião local, tem-se como mais apropriado, hoje, não lhes impor senão a religião sobre a qual todos os homens estão de acordo, dando-lhe total liberdade com*

referência às suas próprias opiniões particulares. Esta consiste em serem homens bons e sinceros, homens honrados e justos, seja qual for a denominação ou crença particular que eles possam ter. Donde se conclui que a Maçonaria é um Centro de União e o meio de conciliar uma verdadeira amizade entre pessoas que, de outra maneira, ficariam perpetuamente separadas.

Conforme veremos, alguns anos mais tarde, a fusão dos Antigos com os Modernos levaria a uma modificação deste primeiro item da Constituição de Anderson. Por volta de 1813, ocorreu a fusão dos Antigos com os Modernos, formando-se, assim, a Grande Loja Unida da Inglaterra (United Grand Lodge of England).

Naquela época, havia na Inglaterra a Grande Loja dos Antigos que era formada por Lojas, algumas de Londres e outras das Províncias, que se haviam conservado independentes, não se tendo filiado à Grande Loja de Londres.

As Lojas dos Antigos, como eles mesmos se denominavam, continuavam com suas Cerimônias, à moda antiga, ignorando completamente as modificações introduzidas pela Grande Loja de Londres, provocando, com esse modo de agir, um sério movimento oposicionista.

No dia 17 de julho de 1751, uma Assembléia formada por essas Lojas declarava que ia reviver a Antiga Arte Real. A grande maioria dos afiliados dessa Grande Loja era formada por Maçons irlandeses. Além de se intitularem membros da Grande Loja dos Antigos, rotularam a Grande Loja de Londres, como Grande Loja dos Modernos.

No livro por nós já apontado – "Análise da Constituição de Anderson" – na parte redigida pelo Irmão Castellani, vem a seguinte observação:

Com apenas cerca de oitenta Obreiros, divididos em cinco Lojas, todas em Londres, não era, para essa nova Grande Loja, uma tarefa fácil colocar-se em oposição à primeira Grande Loja, a qual, apesar do geral descontentamento, contava com cento e oitenta e uma Lojas, espalhadas por toda a Inglaterra e com algumas no exterior.

Contudo, a Grande Loja dos Antigos cresceu e, finalmente, em 1813, houve a fusão já atrás referida.

Por força dessa união, houve a necessidade de se modificar a Original Constituição de Anderson, principalmente no tocante à religião e às concepções metafísicas, para satisfazer as idéias dos mais radicais, no que diz respeito à religião dos Antigos.

Feita a modificação no texto original de Anderson, a primeira das Antigas Leis Fundamentais ficou com a seguinte redação:

Um Maçom é obrigado, por seu título, a obedecer à lei moral e, se compreender bem a Arte, nunca será ateu estúpido, nem libertino irreligioso. De todos os homens, deve ser o que melhor compreende que Deus enxerga de maneira diferente do homem, pois o homem vê a aparência externa, ao passo que Deus vê o coração. Seja qual for a religião de um homem, ou sua forma de adorar, ele não será excluído da Ordem, se acreditar no glorioso Arquiteto do Céu e da Terra e se praticar os sagrados deveres da moral.

Em nosso entender, o texto original de Anderson era um tanto quanto liberal no que diz respeito à tolerância religiosa, enquanto que o texto modificado impõe a crença. No entanto, os Maçons, livres pensadores da época, não aceitaram as mudanças, ficando com o texto de 1721.

Castellani, na obra já por nós referida, faz o seguinte

comentário sobre a modificação a que nos estamos referindo:

> *No contexto histórico, tal redação da Primeira Lei Fundamental iria gerar grande turbulência em determinadas áreas maçônicas, sendo responsável até como divisor de águas, por bruscas separações de Obediências e um mais marcado, embora altamente subjetivo, concerto de regularidade maçônica.*

Por aí se vê que a Maçonaria inglesa, através dessa mudança, projetou-se como **teísta**.

A verdade é que a crença no Grande Arquiteto do Universo é condição primeira para que alguém possa ser Iniciado em nossos sagrados mistérios. E não se diga que apenas Mackey inseriu essa obrigatoriedade em seus landmarques.

Temos aqui a relação de todos os landmarques adotados pela Maçonaria em todos os lugares onde ela existe. Em todos eles, aparece como obrigatória a crença no Grande Arquiteto do Universo para a Iniciação Maçônica.

Entre os cinco landmarques de Albert Pike o da crença em Deus é o 3º, na relação de H. Roscoe Pound é o 1º e na de Jean Pierre Berthelon, o 5º.

São nove os landmarques de J. G. Findel. O 1º tem a seguinte redação: "A obrigação de cada Maçom de professar a religião universal em que estão concordes todos os homens de bem".

O Ente Superior em quem temos que acreditar, em Maçonaria, recebe o epíteto de Grande Arquiteto do Universo. Essa denominação deve satisfazer aos crentes de todas as religiões. Sabemos que o nome de Deus tem formas diferentes nos vários idiomas usados nos países do mundo.

Santo Tomás de Aquino, no seu "Compêndio de Teologia", no Capítulo vinte e cinco diz: "Embora diversos, os nomes atribuídos a Deus não são sinônimos – depois de haver discorrido, no Capítulo anterior, sobre a multiplicidade de nomes atribuídos a Deus, que tal fato não contradiz a sua simplicidade".

Explica o sábio dominicano que a nossa inteligência é incapaz de apreender a essência divina, e acrescenta que se enxergássemos a essência de Deus em si mesma não seria necessária essa multiplicidade de nomes. No Capítulo acima citado ele escreve o seguinte:

> *Partindo do exposto podemos fazer três considerações. A primeira é que os diversos nomes, embora signifiquem em Deus uma única coisa, não são sinônimos. Pois para que diversos nomes sejam sinônimos, exige-se que signifiquem a mesma coisa, além de representarem o mesmo conceito do intelecto. Lá onde se designa a mesma coisa, porém segundo aspectos diversos, ou seja, concepções diferentes que a inteligência tem daquele objeto,os nomes não são sinônimos, pois o sentido não é totalmente igual, uma vez que os termos designam diretamente os conceitos, os quais constituem semelhanças das coisas. Por conseguinte, traduzindo os diversos nomes dados a Deus, concepções diversas que d'Ele possui a nossa inteligência, tais termos ou nomes não são sinônimos ainda que signifiquem exatamente a mesma coisa.*

Por essa transcrição dos ensinamentos de um sábio, evidencia-se que o título dado a Deus pela Maçonaria, satisfaz inteiramente ao crente de qualquer religião, isso porque o nome simbólico que damos ao Criador dos mundos não está ligado a nenhuma crença em particular.

Voltando ao nosso Rito, devemos dizer que ele é fundamentalmente **teísta**.

TEÍSMO (do gr. Theos) – É a doutrina que afirma a existência de Deus, bem como sua ação sobre o mundo. Deus criou o Universo e o homem. A ação de Deus se estende sobre tudo o que existe. O teísta crê na revelação.

DEÍSMO (do lat. Deus-Dei) – É o sistema indicativo da crença em Deus, mas que não O tem como sendo a força infinita que deu causa a todos os fenômenos do Universo e não atua sobre ele. O deísmo não aceita a revelação e, muito menos, o dogma.

Lembremos que, para Aristóteles, Deus foi o motor primeiro, isto é, provocou o movimento de tudo o que existe no Universo e, depois, nada mais fez.

Maçonaria & Filosofia

A vida dedicada à sabedoria é uma vida voltada para a razão. É importante aprender como pensar com clareza. A clareza de pensamento não é uma atividade que acontece por acaso. Exige treinamento específico. É através da clareza de pensamento que somos capazes de direcionar corretamente nossa vontade, manter-nos fiéis aos nossos verdadeiros propósitos, descobrir qual é o nosso relacionamento com os outros e os deveres inerentes a esses relacionamentos. Toda pessoa deveria aprender a identificar um raciocínio inconsistente e enganoso. Analise como as inferências são legitimamente derivadas para não tirar conclusões sem fundamento. (Epicteto, in "A Arte de Viver").

Falar de filosofia pura, realmente não é tarefa que ofereça grandes dificuldades. Já falar de filosofia maçônica é coisa que se nos antolha bastante difícil. Não fazemos tal afirmação com intuitos de apresentar dificuldades onde elas não existam. Aliás, é do nosso feitio gostar quando a dificuldade surge em nossa frente, obrigando-nos a raciocinar, a pensar, a intuir.

O que acontece com a filosofia maçônica é que ela não é produto da criatividade de um filósofo maçônico. A

Maçonaria, até agora, não nos apresenta alguém que tenha colocado um tijolo sequer no alto do edifício da filosofia. Nós já encontramos o edifício pronto e nossa tarefa (aqui é que está a dificuldade) consiste em procurar descobrir os melhores cômodos filosóficos do tal edifício e que possa adequar-se aos nossos sistemas e aos nossos princípios de interpretação de nossos Símbolos. É necessário que todos nos dediquemos à busca, à procura, à descoberta de fragmentos que se adaptem à matéria central de nossos estudos.

Descobrimos que a filosofia maçônica tem muita coisa do esoterismo ocidental e do esoterismo oriental, além de ter uns resíduos da cabala cristã.

Não é possível negar, e seria confissão de total ignorância de quem o fizesse, a influência da filosofia sobre os postulados da Arte Real.

É necessário que se saiba que a doutrina maçônica é exposta através de lendas, de Símbolos, de alegorias; se não tivermos um certo cuidado podemos cair num subjetivismo que não leva a nada. Se nos inclinássemos para o subjetivismo, faltar-nos-ia objetividade interpretativa, faltar-nos-ia clareza, como nos faltaria aquele rigor necessário para que se pudesse fazer uma perfeita exegese dos Símbolos e alegorias.

Depois de acurados estudos, chegamos à conclusão de que as filosofias que mais contribuíram para a chamada filosofia maçônica são aquelas da Ilustração e do Renascimento. Bem como não se poderá negar que o Racionalismo e o Empirismo foram as duas correntes mais fortes e que maiores impactos produziram na maneira de se captar a doutrina maçônica.

Não é menos certo que os pitagóricos, a Escola de

Eléia, Sócrates, Platão, Aristóteles, Plotino continuem a interferir, sempre com grandes benefícios para nós, nos sagrados princípios de nossa Ordem.

A verdade, porém, é que a filosofia maçônica se identifica de corpo e alma com a filosofia da Idade Moderna.

Um dos aspectos mais importantes da filosofia da Idade Moderna é a sua grande proximidade com a ciência. Apesar de ciência e filosofia ocuparem patamares bem diferentes, só um cego não verá que a ciência natural constitui, a partir do Renascimento, um rigoroso sistema em crescimento contínuo.

Os melhores autores reconhecem que a filosofia renascentista recebeu grandes influxos com choques, no bom sentido, como o encontro dos registros da ciência, não só de Idade Moderna, como dos séculos XVIII e XIX.

Esse encontro é tão verdadeiro que se verifica a coincidência de a mesma pessoa ser, a um só tempo, filósofo e cientista, como podemos citar Francis Bacon, René Descartes e Leibniz.

A constituição da Maçonaria moderna – 24 de junho de 1717 – coincide exatamente com os movimentos que visavam libertar a consciência humana e fazer com que o indivíduo pudesse assumir os seus direitos. E esses movimentos foram a tarefa primordial exercida pela Idade Moderna. Vê-se que o Renascimento descobre o homem, dando-lhe importância e colocando-o em seu devido lugar como ser humano.

É aí que se patenteia o verdadeiro surgimento do direito Natural que enxerga no indivíduo a fonte principal do direito e da autoridade legítima.

Então, o homem comum começa a ter o direito de crer, de saber e de poder, sem aquela obrigatoriedade que lhe era imposta de acordo com a tal doutrina medieval.

E os filósofos todos admitem que "A filosofia moderna é única, apesar de sua rica variedade de interesses e de personalidade; a prova desta afirmação é que as mais consideráveis de suas variantes podem confluir e proporcionar a substância para uma construção harmônica ao final da época, na filosofia de Kant".

Não podemos desfitar os olhos de uma verdade irretorquível: a Maçonaria é uma Instituição universal, fundamentalmente filosófica, que trabalha e luta, e sua, e sofre pelo advento da solidariedade, da igualdade, da justiça e da paz entre os homens.

A tarefa não é fácil. Sim, a tarefa não é fácil, pois é justamente por isso que os Maçons devem empenhar-se na luta pelo seu próprio crescimento espiritual, intelectual e moral, uma vez que são eles que estão destinados a essa luta, a sagrada luta de ver a humanidade galgando a escada da liberdade, da justiça e do amor.

Conforme sempre temos afirmado, a Maçonaria não é uma escola filosófica, porque não possui aquela conceituação de doutrina, de juízos, uma vez que a imensa árvore da filosofia não possui um só galho sequer que ali tenha sido enxertado por filósofo que tenha dado os direitos de paternidade, bem como não possui prosseguidores de uma determinada ideologia, digamos assim, de determinada ideologia filosófica. A Arte Real é sábia. Ela dá aos seus adeptos o direito de seguirem a corrente filosófica que entenderem como a melhor. Ela própria se nutre dos frutos de dezenas e dezenas de ramos da grande árvore da filosofia universal.

A Ordem Maçônica é uma escola do filosofar, daí por que ela nos ensina a meditar, a pesquisar, a examinar, a refletir tudo aquilo que possa servir para o desenvolvimento espiritual e intelectual do Maçom.

No dizer de um filósofo cujo nome agora não nos ocorre, "ela, como escola, é uma Oficina de humanidade, de humanismo e de humanitarismo".

A filosofia tem que estar a serviço do homem, como o homem, queira ou não queira, tem que estar a serviço da filosofia. E isto acontece em nossos Templos, melhor que em outro qualquer lugar. Se assim não for, certo é que a Loja não prosperará e há de terminar por ver ruir-lhe as Colunas.

Toda a filosofia maçônica se organiza tendo como base estrutural os três supremos valores que o homem tem procurado conquistar através dos séculos de existência da humanidade: liberdade, igualdade e fraternidade.

Um dos pontos mais altos dessa filosofia é dar plena e total liberdade ao homem que se inicia nos inefáveis mistérios. Exige tolerância para que a religiosidade seja respeitada, podendo cada Maçom seguir a religião que quiser – deísmo, teísmo, livre pensamento, contudo, longe, bem longe, o ateísmo estéril e inconseqüente.

A Maçonaria mata a sua sede de sabedoria nos ensinamentos de Sócrates, de Aristóteles, dos pitagóricos, de Platão, porém, ela se dessedenta de verdade no **estoicismo**, no **empirismo**, no **racionalismo**, bem como no **criticismo** kantiano.

É certo que a Maçonaria não nos presenteia, não nos

dá de mão beijada poderes ou sabedoria. Ela nos fornece, isto sim, todos os meios necessários para que, pelo nosso trabalho, pelo nosso esforço, por nossa tenacidade e perseverança nos transmudemos em novos homens.

Todavia, para que essa transmutação ocorra, é necessário que participemos, é preciso que estabeleçamos uma convivência fraterna como todos os elementos de nossa Loja, é mister seguir o exemplo de nossos mestres, é mister ler os Rituais, estudar, pesquisar, sobretudo, é preciso saber ouvir e, muitas vezes, saber calar.

Para vivermos maçonicamente, necessário se torna estejamos sempre alerta! Para vivermos maçonicamente, necessário se torna que nos dediquemos, sem esmorecimentos, ao estudo da doutrina maçônica! Para vivermos maçonicamente, necessário se torna que respeitemos a opinião de nossos Irmãos, mesmo que ela entre em choque com nosso modo de pensar!

Passemos, mesmo que rapidamente, pelos três Graus Simbólicos.

O Primeiro Grau é altamente personalístico e nele prevalecem os dois grandes princípios adotados por Sócrates no desenvolvimento do seu ensinar filosófico: **conhece-te a ti mesmo e vence-te se quiseres vencer.**

Este vence-te, se quiseres vencer, nada mais é que a luta que nunca cessa do EU contra as insinuações do EGO. Sem essa luta, sem esse querer, não haverá desbaste da Pedra Bruta.

O Segundo Grau é, antes de tudo, social; é o chamado Grau cognoscente. Quando se passa do Norte para o Sul, não se pense que a luta diminui. Antes, pelo contrário, o trabalho aumenta e aumenta a responsabilidade maçônica.

Aquela pedra desbastada na Coluna do Norte tem que ser transformada em um cubo polido, para que possa ser encaixado, com facilidade, no edifício do nosso interior. Este Segundo Grau é, além de social, altamente ativista, laborioso.

O Terceiro Grau, cognominado sublime Grau de Mestre, é o Grau da planificação. Em um de nossos livros – "A Filosofia da Maçonaria Simbólica" – quando tratamos do Terceiro Grau, colocamos propositadamente o título: Mestre Aprendiz.

Começo dizendo que o Mestre Maçom é um filósofo, daí a razão por que o Terceiro Grau é o Grau superior, o Grau excelso.

Ao alcançar o Terceiro Grau, o Maçom é muito mais Aprendiz que quando trazia a abeta levantada e muito mais Companheiro do que quando morava na Coluna do Sul.

A missão do Mestre é ensinar e quando, conscientemente, se ensina, aprende-se muito mais que quando se estuda.

Voltemos ao Primeiro Grau. Antes de tudo, não nos esqueçamos que o que caracteriza o Primeiro Grau é o trabalho essencialmente iniciático. Daí por que se diz que é fundamental que o Iniciando morra na sua qualidade de Profano para renascer na sua qualidade de Maçom.

O Segundo Grau, em nosso ver, é o mais importante de todos, contudo é o mais abandonado.

A principal tarefa do Segundo Grau é reconhecer o posicionamento dos Graus. Neste Grau, deve-se levar em alta conta a questão do SER e do NÃO-SER. Ele exige que se faça uma interpretação objetiva, real e inequívoca da realidade física para saber atuar sobre ela.

A tecnologia e o trabalho devem ser exaltados neste Grau. Portanto, as tarefas do Companheiro, entre várias outras menores, é o conhecimento sociológico e a segunda tarefa é a prática da filantropia.

O Companheiro Maçom deve partir de algumas indagações: de onde viemos? O que somos? Para onde vamos?

O Terceiro Grau é aquele cujos elementos traçam planos com constância e fervor. É o Grau eminentemente executivo.

Iniciação e seus Frutos

Todo progresso se efectúa, em cualquier campo, por médio de etapas e grados sucesivos, que son como las jornadas de un viaje y los pasos de um camino que nos es menester percurrir. (Aldo Lavagnini, in "El Secreto Masónico")

Tudo neste mundo está em perene e constante movimento. E o homem não poderia escapar dessa fatalidade, dessa consagrada realidade. O homem nasce e aí começa a sua corrida através do tempo. Passam-se os dias, as semanas, passam-se os meses e os anos voam. Verifica-se, então, que tudo nesta vida é feito por etapas.

A Maçonaria não poderia fugir dessa realidade. Nossa vida maçônica tem início com uma "Iniciação", tradicional maneira de se começar uma caminhada nova através da estrada da vida.

Pode ser até que alguns não percebam, mas à medida que o Iniciado avança, nessa caminhada, vai adquirindo uma compreensão maior do porquê dos arrancos que vez por outra lhe sacodem a alma, aumentando-lhe o discernimento de uma realidade que antes lhe parecera não existir.

A vida "esotérica" (por assim dizer) do Iniciado vai se formando através de uma cadeia ininterrupta de esforços na busca de uma melhoria intelectual e, sobretudo, espiritual.

A "Iniciação" projeta uma luz diferente nos caminhos do Iniciado, fazendo-lhe ver nos longes do horizonte da vida que é necessário lutar para crescer; que é preciso não esmorecer, não abdicar do direito de se tornar um Maçom de verdade.

À proporção que a caminhada avança, vai-se unindo o presente ao passado com uma larga projeção para o futuro.

E surge, como que repentinamente, a claridade que faz aparecer as diferentes nuances e aspectos internos da Verdade. É certo que nunca as meias verdades podem matar no Iniciado a sede de chegar à grande Verdade.

A Maçonaria facilita essa busca, ministrando por etapas o alimento intelectual que propiciará ao Iniciado o alcance de grandezas nunca dantes imaginadas.

Daí por que a tradição iniciática, longe de ser uma abstração, é uma legítima realidade ou como dizem os filósofos Iniciados, o princípio universal da iluminação e do conhecimento daqueles que adquirem consciência da responsabilidade que lhe foi imposta por uma iniciativa levada a cabo por livre e espontânea vontade.

É mister que se leve em conta que de nada vale o recebimento de um novo salário, ou seja, o passar para um Grau mais elevado, se não houver a compreensão do verdadeiro significado interior daquela passagem.

Urge, pois, que se tenha consciência do valor exato do estudo esotérico que a Maçonaria proporciona aos seus afiliados. Passar de um Grau para outro tem um significado muito maior do que os direitos e os privilégios que o Grau lhes possa oferecer. Maior que esses direitos e privilégios são as obrigações que o Grau mais elevado exige do Iniciado.

Quais as razões da graduação dos estudos?

A graduação dos estudos estabelecida pela Maçonaria nada mais é que uma demonstração simbólica das várias etapas em que se divide a vida do indivíduo: infância, mocidade, maioridade e velhice. Através dessas etapas, vão-se criando as várias possibilidades que surgem na vida de cada indivíduo e que são aproveitadas à proporção que ele saiba utilizar o que de melhor for surgindo no dia-a-dia de sua existência.

O Iniciado deve caminhar, sem esmorecimentos, na busca daquilo que lhe possa dar os melhores meios de cumprir a tarefa que lhe foi imposta pela "Iniciação". Além de procurar pôr em prática o que tenha aprendido, não pode deixar de transferir aos outros o que julgue ser útil à vida maçônica deles.

A evidência de que é necessário estudar está, exatamente, na obrigação de fazer progressos em todos os sentidos, uma vez que a meta principal da Maçonaria é tudo fazer para que a humanidade melhore, a fim de que os homens que compõem as sociedades de cada país compreendam que é preciso viver em paz, cada um respeitando o seu semelhante e praticando a justiça, custe o que custar.

É necessário que o Iniciado tenha sempre em mente que são extraordinários os benefícios que a **cultura**, em todos os sentidos, filosofia, ciência, artes, pode trazer para o progresso da humanidade. Boucher, Lafuente, Lavagnini,

Varoli Filho, Hutin, todos eles, em suas obras, enfatizam que a cultura há de ser sempre o grande companheiro do progresso dos povos, ajudando na melhoria dos costumes e dos ideais éticos da vida.

É pensando em tudo isto que nos temos dedicado, diuturnamente, através de nossos livros, a mostrar aos queridos Irmãos que é preciso estudar. Sabemos que não é fácil, sobretudo nos tempos de agora, quando o Maçom tem que lutar, às vezes, desesperadamente, na busca dos meios que lhe possibilitem dar aos seus entes queridos o conforto que eles merecem. Mas, o que seria da vida se não tivéssemos que lutar, se não tivéssemos que sofrer?

Tenhamos sempre em nosso pensar aquela estrofe que eternizou em nossas lembranças o poeta Francisco Otaviano:

Quem passou pela vida em brancas nuvens
E em plácido repouso adormeceu,
Quem não sentiu o frio da desgraça,
Quem passou pela vida e não sofreu,
Foi espectro de homem, não foi homem,
Só passou pela vida, não viveu.

Anexo

Cinqüenta Anos de História*

Sempre que sou convidado para trocar idéias com meus Irmãos, seja qual for a Obediência a que pertença a Loja, eu o faço com prazer. Mas quando me chamam para participar dos festejos de uma Loja que comemora dez lustros de existência, meus Irmãos, minha alma canta de alegria e me entusiasmo como se ainda fosse jovem, entusiasmo-me como se tudo na minha longa vida maçônica fosse exclusivamente de vitórias e de contentamento.

A Ata de fundação de uma Loja é um documento primário de grande valor histórico. Apraz-me dizer isto porque, infelizmente, em nosso País, há Maçons que escrevem e ensinam fatos históricos cuja comprovação por documentos primários ou secundários que mereçam fé, ou não existem, ou não foram ainda encontrados. Sem documento que prove que o fato aconteceu não existe História.

Quando buscamos a verdade histórica em termos de Maçonaria, cresce e avulta a minha admiração pelos verdadeiros historiadores da nossa Ordem, como esse que aqui se encontra enriquecendo, com sua presença, os festejos

* Palestra pronunciada quando das comemorações do cinqüentenário da Loja Maçônica "Cavaleiros do Oriente", em Vitória da Conquista, BA.

comemorativos desta Aug.·. Resp.·. Loj.·. Simb.·., o historiador Frederico Guilherme Costa.

Quando uma Loja cresce em anos, cresce em anos a sua história. Daí por que os seus documentos, aqueles que comprovam o ano a ano do seu existir, devem ser preservados, a fim de que os que vierem depois saibam o que verdadeiramente aconteceu e possam com orgulho, como se faz aqui hoje, comemorar a longevidade de um dos núcleos mais extraordinários da Sublime Instituição e, no meu pensar, nada melhor para encerrar esses festejos que a palavra, embora pobre e descolorida de um velho Maçom, cujos anos vividos – vividos e sofridos – se compõem de fatos comprovados que estabelecem o pano de fundo da mais notável Instituição que existe sobre a face da terra, representada, em certos momentos, por partículas, não menos notáveis, como esta Loja, cada vez mais poderosa nos seus cinqüenta anos de fecunda e laboriosa existência.

Os intuitos da Maçonaria são os mais sublimes possíveis. Através do aperfeiçoamento de cada um de seus membros, luta pelo aperfeiçoamento da humanidade. Nossa Sublime Instituição se baseia no amor fraternal.

Não vou perder a oportunidade, ante esta seleta e culta platéia de verdadeiros Maçons, de falar, mesmo que rapidamente, sobre o tema que me tem levado a palestrar em Lojas e mais Lojas por todo o vasto território nacional, tema escolhido pelos organizadores deste evento.

É por isso que posso afirmar que nada existe mais salutar, nada mais fascinante do que a discussão de idéias. Sempre que a discussão recai sobre idéias, alguma coisa nova vem adornar a cultura do homem.

É necessário discutir, é preciso divergir, mas saber

divergir. Discutir não significa querer impor as próprias idéias aos outros. De uma discussão honesta, mesmo que haja divergências sérias – o que sempre é salutar – de uma discussão honesta, repito, brotam, quase sempre, verdades irrefutáveis.

Se houver alguém que não queira saber de filosofia em si, que procure, pelo menos, conhecer a história da filosofia porque, então, terá talvez os meios de estar informado convenientemente sobre os vários problemas que afligem ou engrandecem o homem e o mundo, e estará preparado para compreender tais problemas, evitando tornar-se mero repetidor do que os outros dizem.

Não é possível, meus Irmãos, em uma palestra, abordar, sequer, a milésima parte da doutrina maçônica que se casa inteiramente com a filosofia pura.

Vejamos, rapidamente, alguma coisa que confirme a minha afirmativa. Quando da Iniciação, pergunta-se ao Iniciando o que é o vício e o que é a virtude. Tais perguntas se apresentam, no mais das vezes, como grandemente embaraçosas para quem se encontra numa situação até certo ponto de desconforto, sobretudo por causa da dúvida sobre o que vai acontecer. Talvez por isso, a sabedoria maçônica trata de conceituar um e outro e, o que vem escrito nos Rituais, mudando-se, às vezes, as palavras ou a maneira de dizer, é o mesmo que ensina Aristóteles em "A Ética de Nicômaco".

Aliás, o Estagirita deixa bem claro que vício e virtude dependem de convenções sociais, não poucas vezes arbitrárias. Ao cabo de contas, a verdade é que é muito difícil estabelecer com segurança o que é certo ou errado, o que é bom ou ruim.

De mais a mais, não se sabe se os termos **ética** e **moral** têm, hoje em dia, a mesma significação do **ethos** e do **mores** de gregos e romanos. Para nós, Maçons, o moralmente bom é o que nos é permitido, e moralmente ruim, o que nos é proibido.

Para alguns homens, o difícil não é saber o que seja bom ou mau, talvez o difícil seja adquirir o hábito de pensar em profundidade sobre o assunto.

Inegável é que a glória maior do homem é a sua faculdade de pensar, e a Maçonaria, essa extraordinária Instituição, tantas e tantas vezes perseguida por inimigos gratuitos e tantas e tantas vezes malcompreendida por muitos de seus filhos, fornece-nos todos os meios para que desenvolvamos essa maravilhosa faculdade.

Depois que descobri pormenores filosóficos embutidos na Arte Real, apaixonei-me de vez por essa velha e sisuda Viúva, da qual todos nós somos filhos.

Quando me vejo na situação de expor um sistema filosófico, buscar conhecimentos desta ou daquela Escola de filosofia é algo que se me antolha fácil; todavia, quando é preciso discorrer sobre a filosofia maçônica a coisa já não é tão simples. E não é tão simples exatamente porque a filosofia que alicerça a doutrina de nossa Ordem não é o resultado da criação de um ou de alguns filósofos Maçons. Ela é filha de filósofos, grandes filósofos, orientais e ocidentais. Isto faz que seja realmente um duro trabalho distinguir onde entra o dedo deste ou daquele sábio, uma vez que a Arte Real puxou para si tudo o que de melhor foi produzido pelos grandes avatares da humanidade. Trabalho duro, meus Irmãos, duro trabalho, mas não impossível de ser realizado.

Por que a Maçonaria não escolheu uma escola, um sistema filosófico, entre tantos que existem e que nos foram legados por verdadeiros gênios que passaram por este nosso velho mundo?

Todos sabemos que a Maçonaria não se prende a uma Escola ou a um determinado sistema filosófico porque isto seria tirar a liberdade de interpretação de seus afiliados, obrigando-os seguir um determinado caminho, tirando-lhes a liberdade de intuir e de fazer a exegese de seus Símbolos e alegorias, o que seria negar a sua própria pregação doutrinária.

Lavagem cerebral fica bem para Instituições verdadeiramente ditatoriais.

Tenho repetido por esses brasis afora que, filosoficamente, a Maçonaria mostra ao homem-Maçom que ele tem um compromisso consigo mesmo, com o seu pensar, com o que fazer de sua própria existência. Ao cabo de contas, quando o homem prescinde de si mesmo, de seus direitos e de seus deveres, quando o homem abre mão da sua liberdade, da quantificação do seu próprio Eu, quando o homem se esquece de si próprio, ele está a negar-se como ser, como ente.

É pensando em tudo isto que, vez por outra, pergunto a mim mesmo se o Maçom que não estuda, que não se dedica em buscar os conhecimentos embutidos nas lições de nossos Rituais, não se estaria negando a si mesmo como Maçom?

É indubitável que a filosofia maçônica tem muita coisa tirada do esoterismo oriental e ocidental. Entretanto, após anos e anos de pesquisas, de buscas e de observação cheguei à conclusão de que o conteúdo dessa filosofia, oriundo da filosofia ocidental, está livre de certas dificuldades interpretativas inerentes à filosofia dos grandes filósofos, quer gregos, quer europeus. Não se há de negar, não se pode negar, que existe séria influência, repito, dos grandes filósofos nos ensinamentos ministrados pelos nossos Rituais. E onde está, então, esta espécie de liberdade interpretativa dos meandros filosóficos?

Chegar-se-á a esta conclusão ao verificar que a interpretação do ideário maçônico se faz e se alcança através das alegorias simples e dos Símbolos. Na maioria das vezes a interpretação é feita de maneira subjetiva, faltando-lhe o rigor, a clareza que se exige numa exposição rigidamente filosófica.

Depois de anos e anos, procurando mostrar o valor da filosofia em nossos ensinamentos, sinto-me hoje recompensado, em verificando já a presença de alguns autores novos, tentando mostrar a influência da filosofia, sobretudo da grega, na doutrinação da Arte Real. Talvez muito mais pela influência do belo livro **"O Mundo de Sofia"**, do que por influência deste velho teimoso e de outros dedicados Irmãos que se entregam ao estudo da metafísica e dos outros ramos da árvore filosófica.

Não importa se o escritor procura mostrar que no 1º Grau se faz presente do início ao fim do Ritual, a filosofia de Platão, esquecendo-se de que ali o império é de Sócrates e dos pitagóricos.

Não importa que, algumas vezes, topemos com citações de Aristóteles como sendo de outros filósofos. Talvez porque tais citações sejam feitas não por estudo direto, mas através de obras de historiadores românticos como é o caso de Édouard Schuré.

O que importa é que Irmãos nossos, filósofos legítimos, verifiquem que todos os esforços feitos na amostragem do valor da filosofia em nossos ensinamentos começam a surtir efeito.

De início, onde buscar a filosofia em que possamos apoiar nossos estudos?

Em Sócrates, no seu **conhece-te a ti mesmo**.

Através do estudo da filosofia socrática aprendemos que, antes de mais nada, a primeira coisa a fazer é aprender a pensar. Para aprender a pensar é preciso saber ouvir, ouvir com atenção, buscando encontrar o sentido exato das palavras de quem fala. Mesmo porque ao lado do desbaste das arestas da imperfeição, o Aprendiz Maçom, o Maçom Aprendiz possui o inconsciente, e o inconsciente não é como muitos pensam, um arquivo morto. O inconsciente não é um quarto de despejo onde se amontoam trastes que para nada mais servem. O inconsciente pode armazenar e depois filtrar experiências construtivas, como pode muito bem filtrar frustrações.

E Sócrates nos ensina que aprender a pensar é aprender a conhecer, é aprender a discernir, é aprender a concatenar os pensamentos, é aprender a falar.

Esses conhecimentos, aplicados, sobretudo no 1º Grau são de extraordinária importância para a vida futura do Maçom, pois, ao cabo de contas, propiciar-lhe-ão os meios e modos que irão facilitar-lhe o estudo, a busca, a pesquisa, aproveitando boa parte de tudo aquilo que a Maçonaria lhe proporciona para que cresça mental, moral e espiritualmente.

Terminando, peço-vos, com todo o empenho, uma estrondosa bateria incessante em homenagem aos cinqüenta anos da Aug.·. e Resp.·. Loj.·. Simb.·. "Cavaleiros do Oriente", honra e glória da Maçonaria da Bahia.

Bibliografia Sumária

Para que outros pesquisadores possam aprofundar seus estudos sobre os temas aqui abordados, relacionamos, a seguir, várias obras, nem todas usadas necessariamente nos estudos deste livro.

AQUINO, T. "Compêndio de Teologia". São Paulo, 1985.

ARISTÓTELES "A Ética". Rio de Janeiro, s/d.

_____. "A Política". Rio de Janeiro, s/d.

ASLAN, N. "Grande Dicionário Enciclopédico da Maçonaria. Rio de Janeiro, 1956.

_____. "História da Maçonaria". Rio de Janeiro, 1959.

BATTAL, M. M. "Lições de Filosofia Geral e Maçônica". São Paulo, s/d.

BENIMELI, J. A. "Maçonaria e Satanismo". Londrina, 1995.

BENIMELI, J. A., CAPRILE, G., ALBERTON, V. "Maçonaria e Igreja Católica". São Paulo, 1982.

BERKELEY, G. "Tratado sobre os Princípios do Conhecimento Humano". São Paulo, 1984.

BOUCHER, J. "La Symbolique Maçonnique". Paris, 1985.

BUZZI, A. R. "Introdução ao Pensar". Petrópolis, 1986.

CARVALHO, A. "Maçonaria, Usos e Costumes". Londrina, 1999.

CASTELLANI, J. "Dicionário Etimológico Maçônico". Londrina, 1992.

____. "Do Pó dos Arquivos". Londrina, 1996.

CASTELLANI, J., RODRIGUES, R. "Análise da Constituição de Anderson". Londrina, 1995.

COSTA. F. G. "Ensaios Maçônicos". Londrina, 2002.

____. "Maçonaria na Universidade". Londrina, 1994.

____. "Maçonaria sem Fronteiras". Lisboa, 2001.

____. "Questões Controvertidas da Arte Real". Londrina, 1995.

DESCARTES, R. "Discurso sobre o Método". Rio de Janeiro, 1952.

DURANT, W. "História da Filosofia". São Paulo, 1984.

EPICTETO. "A Arte de Viver". Rio de Janeiro, 2000.

FICHTE, J. G. "Filosofia da Maçonaria". São Paulo, 1984.

GUIMARÃES, D. T. "Maçonaria à Luz os Evangelhos". São Paulo, 1998.

____. "Dicionário Maçônico". Juiz de Fora, 2001.

HUTIN, S. "Les Francs Maçons". Paris, 1964.

JEANNIÈRE, A. "Platão". Rio de Janeiro, 1995.

KANT, E. "Crítica da Razão Prática". São Paulo, 1996.

____. "Crítica da Razão Pura". São Paulo, 1995.

LAVAGNINI. A. "El Secreto Maçónico". Buenos Aires, 1980.

LEAL, R. P. "Pesquisa em Maçonaria". Belo Horizonte, 1978.

LEIBNIZ,G. W. "Novos Ensaios sobre o Entendimento Humano". São Paulo, 1986.

LOBO, R. J. H. "A Filosofia e sua Evolução". São Paulo, 1979.

MORENTE, M. G. "Fundamentos de Filosofia". São Paulo, 1996.

NAUDON, P. "L'Humanisme Maçonnique". Paris, 1985.

PALOU, J. "A Franco-Maçonaria Simbólica e Iniciática". Paris, 1985.

PENEDOS, A. "Introdução aos Pré-Socráticos". Porto, 1984.

PLATÃO. "A República". São Paulo, s/d.

RODRIGUES, R. "Maçonaria – Filosofia & Doutrina". São Paulo, 2000.

_____. "Visão Filosófica da Arte Real". Londrina, 2002.

RUSSELL, B. "História da Filosofia Ocidental". São Paulo, 1976.

SCHURÉ, E. "Platão". São Paulo, 1987.

TARNAS, R. "A Epopéia do Pensamento Ocidental". São Paulo, 1999.

TEIXEIRA, D. S. "Antimaçonaria e os Movimentos Fundamentalistas do Fim do Século XX". São Paulo, 1999.

VAROLI FILHO, T. "Curso de Maçonaria Simbólica". São Paulo, 1976.

VERNEAUX, R. "Textos de los Grandes Filósofos". Barcelona, 1982.

WEISCHEDEL, W. "A Escada dos Fundos da Filosofia". São Paulo, 2002.

ZELDIS, L. "Estudos Maçônicos". Londrina, 1995.

Obras do Autor

Riachão (romance) 2ª edição, Ed. Marco Markovitch, São Paulo, 1998, edição esgotada.

Trovas – Uberaba, 1965, edição esgotada.

Gramática Histórica – 5ª edição, Ed. José Bonifácio, São Paulo, 1972, edição esgotada.

Literatura Portuguesa – 3ª edição, Ed. José Bonifácio, São Paulo, 1970, edição esgotada.

Cadernos de Literatura Brasileira – 3ª edição, Ed. José Bonifácio, São Paulo, 1970, edição esgotada.

Análise Sintática – Ed. José Bonifácio, São Paulo, 1971, edição esgotada.

Trovas do Ontem e do Hoje – Edição do Autor, São Paulo, s/d, edição esgotada.

OBRAS MAÇÔNICAS

Análise da Constituição de Anderson (co-autoria com José Castellani), Ed. "A TROLHA", Londrina, 1995.

Cartilha do Companheiro (co-autoria com José Castellani), Ed. "A TROLHA", Londrina, 1998.

A Filosofia da Maçonaria Simbólica – Ed. "A TROLHA", Londrina, 1999.

A Filosofia da Maçonaria Simbólica, vol. 2 – Ed. "A TROLHA", Londrina, 2000.

Maçonaria – Filosofia & Doutrina – Ed. GLESP, São Paulo, 2000.

A Filosofia da Maçonaria Simbólica, vol. 3 – Ed. "A TROLHA", Londrina, 2001.

Visão Filosófica da Arte Real – Ed. "A TROLHA", Londrina, 2002.

Sutilezas da Arte Real – Ed. "A TROLHA", Londrina, 2003.

PARTICIPAÇÃO EM COLETÂNEAS

Coletânea de Poesias "A Praça é do Povo", Uberaba, 1967.

Cadernos de Pesquisas Maçônicas IX – Loja de Pesquisas "Brasil", Londrina, 1995.

Cadernos de Pesquisas Maçônicas X – Loja de Pesquisas "Brasil", Londrina, 1995.

Cadernos de Pesquisas Maçônicas XI – Loja de Pesquisas "Brasil", Londrina, 1995.

Anuário de Pesquisas Maçônicas, vol. I – GOB, Brasília, 1996.

Cadernos de Pesquisas Maçônicas, Loja "Fraternidade Brazileira" de Estudos Maçônicos, Londrina, 1997.

Seleção de Trovas Maçônicas, Academia Maçônica de Letras do Estado do Ceará, 1998.

Anuário da Loja de Pesquisas Maçônicas "Quatuor Coronati", vol. II, GOB, Brasília, 1999.

Instituto Brasileiro de Pesquisas e Estudos Maçônicos "Fernando Salles Paschoal", INBRAPEM, vol. 2, Londrina, 2001.

Cadernos de Pesquisas Maçônicas XIX – Academia Brasileira Maçônica de Artes, Ciências e Letras - AMACLE - Londrina, 2001.

Cadernos de Pesquisas Maçônicas XX – Academia Brasileira Maçônica de Artes, Ciências e Letras – AMACLE – Londrina, 2003.

O autor está presente em:

Estudos de Literatura do Triângulo Mineiro, de Edson Prata, 1967.

A Poesia em Goiás, de Gilberto Mendonça Teles.

Estante do Escritor Goiano, do Serviço Social do Comércio.

Estudos Literários de Autores Goianos, de Mário Ribeiro Martins.

É verbete:

Na Enciclopédia de Literatura Brasileira, Edição do Ministério da Educação e Cultura, MEC, 1990.

No Dicionário Biobibliográfico de Goiás, de Mário Ribeiro Martins, edição de 1999.

No Dicionário Biobibliográfico de Tocantins, de Mário Ribeiro Martins, edição de 2001.

Editora Maçônica

A TROLHA

Redação, Diagramação,
Composição, Revisão, Arte-Final.

Av. Maringá, 335 – Fone: (43) **3327-1982**
Fax: (43) **3348-0915**
CEP 86060-000 – Londrina – Paraná

Home Page: http://www.atrolha.com.br
E-Mail: redacao@atrolha.com.br